児童文学と「わたし」

鵜生（柴田）美子

同時代社

はじめに

若い頃、保育園に勤めていたこともあって、子どもの本には関心を持ち、よく読んでいた。ちょうど一九六〇年代から一九八〇年代前半の頃であった。それまでの小川未明や浜田広介らに象徴される近代童話を乗り越えようと、ようやく日本の児童文学が花をひらきだした時期に当たる。たとえば、幼年向けでは、いぬいとみこの「ながいながいペンギンの話」（一九五七）や中川李枝子の「いやいやえん」（一九六二）、神沢利子の「くまの子ウーフ」（一九六九）など、さらに読書年齢を上げれば山中恒の「赤毛のポチ」（一九六〇）、さねとうあきらの「地べたっこさま」（一九七二）や灰谷健次郎の「兎の眼」（一九七四）など挙げていけばきりがないが、さらに海外の新しい児童文学書も次々翻訳され、書店の店さきに並びあふれていた。

そんな状況のなかで子どもたちと一緒に、絵本をみたり読みきかせをして楽しんでいた。また、児童文学仲間と「あの本、読んだ」「この本をどう思うか」「期待はずれだった」とかよく話し合っていた。

そんなこともあって、当時加わっていた同人誌「中部児童文学」（中部児童文学会）や「日本児童文学」（日本児童文学者協会）、「図書新聞」などに作品論や書評などを折々発表していた。

しかし、一九八〇年代に入る頃から近代童話の大人の独善的メルヘンから子どもの内面にそくした物語へと大転換をとげようとしたにもかかわらず、日本の児童文学は全般的にだんだんと規格化した現代風しつけの作品や、なんとなく底の浅い笑いをさそうような作品が多くなってきた。一九八〇年代後半頃から次第に児童文学がおもしろくなくなり、いつしか児童文学を読む機会も少なくなってしまった。

ところが、二年前、昔の児童文学仲間からこれまで発表したものをまとめてみたらと勧められた。しかし、なんとも若い時の執筆で内容的にも消化不良であり、まとまりのないものも多く、今さら改めて出す必要はないと拒み続けていた。

しかし、残り少ない人生となり暇にまかせて、当時の児童文学を読み返すなかで思いなおした。

児童文学の隆盛とも画期ともいえる時代の証言、記録として、また今後、児童文学に携わる人びとのきっかけともなれば、とささやかな願いをこめ、当時、書き続けたなかから選んでまとめたのが本書である。

児童文学は、時代を映し、時をつなぎ、人をつくり、「わたし」を創る――そんな感慨を改めて強く感じている。

凡例

一、本書は、著者が一九七〇年代初めから八〇年代初めにかけて、各児童文学関連誌紙に掲載された評論、書評を一書にまとめた「児童文学とわたし」〈評論・書評集　保存版〉より抽出・単行本としたものである。

二、全て「鵜生（うの）美子」の筆名で執筆、掲載された。「柴田」は結婚後の姓である。

三、掲載時の初出誌紙を原稿とした「保存版」では、誤字、誤植を改め、用字用語の目立った表記を統一してある。

四、また、当初の過度な論文調を改め、現在の読者にも共感していただけるよう改めた（例えば我々→私たち、極端な〜である調）。

五、引用の原文も、常用漢字、新仮名遣いにしてある。

六、編集にあたって、当初気づかなかった著者の誤記、誤用については改めた。

児童文学と「わたし」＊目次

カバー・絵／野澤理恵

第1章　「わたし」の視点から

1　児童文学とは——そのひとつの視点

「児童文学とは、どういう文学か」という問に対する答が、「子どものための文学」ないしは「子どもが読める文学」というのであっては、わかったようでわからない。

第一、子どものためというそのためとは何か、を明確にしないと理解にいたらないであろう。まさかこのためを「ためになる」と解釈する人はいないであろう。では、具体的にはどういった現象が考えられるか。

かつて小川未明が「児童文学は子どもの代弁者でなければならぬ」といった。この発言をめぐって種々とりざたされている。

長崎源之助氏は、「大人の代弁」と題して次のようにいう。要約すると、子どもの不平不満を代弁して、「大人はだめだ」「社会が悪いのだ」というのは大人にむかっていう発言である。そうでなく、大人の代弁者として大人の立場・事情・考え方・子どもだったときのことを知らせる必要がある。といって、道徳のおしつけや愚痴・感傷・郷愁であってはならない……。

このことに対しては、異論はないし、その通りであると思う。つづいて長崎氏はいう。

——子どもの「小さな目」で社会を批判したり、大人を風刺するのでなく、「大きな目」でしっかり社会をとらえ、大人である作者の考えを、物語の形をかりて、子どもに問いかける、そんな作品を書きたいと思います。(「日本児童文学」一九八二年五月号)——

子どもの人格と可能性を尊重すること、と子どもの願望・好み・言動を善とすることとは大いに異なる。また、生活体験の少ない子どもが純真であり、汚れのない目をもっていると規定することと、彼らの批判がより純真であるとは結びつかない。大切なことは、子どものもつ純真な思考を大人である作家が自分のものとして、現実を見なおすことではないだろうか。神宮輝夫氏は「七〇年代の動き」の中で、

――日本の児童文学は、次代への期待を長く維持しすぎたと私は思う。戦前、作家たちは、絶望的に次代へ期待せざるをえなかった。戦後の児童文学は、……この次代への期待を受けついでしまった。この期待には、そして無意識の負け犬意識もひそんでいた。……つまり権力をうちたおし、現状を変革しようという意志よりも、現状におちつき、その中で、子どもの本による批判で自己満足する姿がみられるのである。これは、明瞭に一種の逃避である。……児童文学は、どこかで、現状批判と次代への期待のゆ着から生まれる自己満足のパターンを打破しなければならない。これが行なわれないかぎり、子どもの目を現実に向け、現実の真の姿を認識してもらうことはできない。(「現代日本の児童文学」評論社)
――

といわれる。

もちろん、子どもへの期待をぬきにしては、児童文学の創作活動は成立しない。しかし、神宮輝夫氏がいわれるように、あまりにも子どもの存在を絶対的なものとして捉えるならば、そこには現実の社会に対する大人としての批判の目そのものが存在しないことになる。子どもの生活が、現実社会の一部分として存在する以上、その基盤となる社会生活を否定しては、子どもの生活自身が不安定な存在とならざるを得ないからである。

現実の真の姿を認識することは、一面的な見解でなく、長崎源之助氏がいわれる「大きな目」からの批判が必要であり、作家自身の現実に対する積極的な働きかけが欲しい。

児童文学が現実に生きる子どもの存在のなかに位置する以上、現実社会とそこにおける生活とのかかわりをぬきにして論ずることは無意味なことといえる。なぜなら、子どもだけが、現実社会の環境から隔離され、無菌状態の温室の中で生活しているわけではない。ともすれば、現実に生きる作者自身の人生観の問題にもなってくる。もちろん、現実社会（生活）とのかかわり＝社会思想（政治思想）といったような短絡的な結びつきを主張する気はないが、現実社会とのかかわりをぬきとった作品は児童文学作品としての存在理由に乏しい。

では、どのように現実の社会を認識し、それとかかわりを持つかである。長崎源之助氏がいうように、ストレートに社会批判をしたり、大人を風刺することは、いたずらに大人への不信や社会道徳への反発をかり立てる、のみで、そこには、生産的な生へのつながりの姿勢は見い出せない。

たとえば、児童文学作品ではないが、子どもマンガの中に「ダメオヤジ」とか「ハレンチ学園」とかいう作品がある。この作品は、父親ないしは教師の持つ一種の権威に対して、子ども側から見た権威否定の論理がその根底に存在する。しかし、ここでは、その権威を否定するだけにとどまらず主人公である父親ないしは教師の人間性をも否定している点に問題がある。これらの作品を、子どもたちは手ばなしでよろこぶ。それはなぜか。

常に父親・教師に代表される現実社会から彼らが抑圧されており、それによってかもし出される不平不満のはけ口を、これらの作品の中に見い出すからに外ならない。しかも、これらの作品は子どもたちに一時の現実ばなれを許し、心の底をくすぐる作用はしても、現実社会に対して理解を深め明日につながるエネルギーの生産とは逆の方向を指向しているといえる。

子どもたちが読書に夢中になり、その主人公になりすまして、現実から空想の社会へと飛躍していくことを否定しているのではない。また、受験体制に代表される教育体系の重圧からのがれて、一時笑いころげるマンガ作品にしろ、それらを否定するものでもない。要は、そこから生まれる笑いないし空想の世界を通して彼らが「なに」をつかみ出すかである。

その「なに」が現実の大人や社会を甘く見て「自分たちは自由だ」「なにをしても許されるのだ」という結論が引き出されるようなものであるとしたら、たとえ、子どもたちの間で好評な作品であっても、否定する以外ない。もちろん、現実社会が、それ自身の矛盾から不当に子どもたちを圧迫し、彼らの主体性をおし殺している。この事実をかくして「社会批判をすることを禁ず」なんていってもはじまらない。と同時に、「だから自分のしたいことをしてもよい」ことにはならないことも理解させる必要がある。

おとなのエゴと子どものエゴの対立を、子ども側から見てすべて大人が悪だとする「子どもの代弁者」的論理は子ども自身にとってプラスするものは存在しない。自分たちが生きてきた社会—生活—を客観的に見ることによって、その中に存在する不合理な面を、特に、大人側のもつエゴをどう解決していくかという姿勢が大切ではないだろうか。

必要なことは、現実に存在する矛盾・不合理といったものをいかにつかまえるかである。それと同時に、その矛盾なり不合理なりに対していかなる姿勢でもってこれに対抗し、のりこえるかである。

「児童文学が子どもの解放につながる」という命題が、作品の中に生かされるか否かは実はこの姿勢によるといえる。現実の社会や生活の中にある矛盾や不合理をアクティブに捉え、いかに告発し、克服していくかである。

「児童文学が、子どもの解放につながる」というそのつながりは、この告発し克服しようとするエネルギーによってなされる。また、このエネルギーは、作者の現実の矛盾に対決する姿勢（人生観）によって創り出される。この姿勢なくして、社会現象を社会常識の範囲内で捉え、その解決を社会習慣や個人の心情なりを基準にしておこなおうとするところに、大人の道徳の子どもへの押しつけが生まれる。

だが、今日の児童文学作品には、こうした道徳の押しつけを感じさせる作品はあまり見られない。しかし、その反面、ものわかりのよい大人が登場し、子どもの欲望なり子どもの立場を無条件で是とする作品はやはり存在するようである。もちろん、そうした大人は常に子どもの人気の的である。極端な例であるが、悪人にとらわれて命危うし、というところへかけつける正義の味方、「スーパーマン」や「月光仮面」「ウルトラマン」といった人物は、その代表的な主人公である。子どもらは、彼らに異常な期待を持つ。まさに、子どもらの英雄であり、あこがれである。ラジオ・テレビ・劇画の中で活躍する彼らは、現在ではもっとものわかりのよい大人であり、絶対的な存在である。

しかし、これらの主人公が登場する作品の中には、児童文学としての、社会矛盾に対決するエネルギーの存在は見られない（たとえ、それらの作品が子どもたちの間でいかに好評であっても）。

社会矛盾に対決するエネルギーは、作品の中に登場する人物一人ひとりの努力と心の葛藤を通してしか生み出されない。それは、作者自身の生活体験に基づく世界観にほかならないからである。

ところで、ここにロバート・C・オブライエンの作品に「フリスビーおばさんとニムの家ねずみ」（越智道雄訳・冨山房）というのがある（この作品について、例えばご都合主義的な面が見られるという批判もあるが）。

ニムの研究所で、多くの智恵を身につけた家ねずみたちは、ヒッツギボンさんの庭の地下で、文化生活を営んでいる。電気の活用によって高級文化住宅を作り、学校や図書館もあり、その生活は今日の人びとが手に入れたいと思っているすべてのものを持っている。しかし、この家ねずみたちにも悩みがないわけではない。高度に発達した文明社会に生活しながら、彼らの生活基盤には生産活動がない。もちろん、その中に労働は存在している。労働の集積によって、彼らの文化生活は維持されているが、その生活は生産物なり、電源なりの資源を他に依存したものである。電力も食糧もすべてヒッツギボンさんの生活に寄生することによって確保されている。この家ねずみの生活態度・生活条件は、現代社会の都市生活者＝サラリーマン族の生活そのものにほかならない。家ねずみたちは、この表面的には豊かな生活を捨てて、自ら生産活動の場を求めソーンの谷間に移動を計画する。

そして「……わしらは、のみが犬の背中で暮らすように、ほかのもののおこぼれにありついてくらしているだけだ。犬がおぼれりゃ、のみもおぼれるんだぞ」という。このことは、現代社会の都市文明がもつ非生産性の部分に対する、作者の告発がある。いうなれば、作者が、いかに現実を認識し矛盾を把握した上で捉えているかということである。家ねずみたちに、多くの討論をさせ、計画を実行にふみきらせたのは、認識をさらに発展させ、総合的に捉えている結果であろう。

この行動があってこそはじめて、社会＝生活の矛盾を乗り越える可能性が生まれるのであり、それが人間（子ども）の解放につながっていく。もちろん、家ねずみたちもすんなりすべてを理解し決行できたわけではない。この点の苦悩がどう形象化されるかということに、リアリティの格闘がからまってくる。

ところで、「子どもの解放」というが、「何から」子どもを解放するか。また、その過程と結果は、どのような形をとるのか。この命題が作者の中でどう消化されるかが問題である。

それではいったいこの「何から」とは何をさすのか。現実社会の中に作られた生活習慣・社会環境そこから生まれる道徳とか常識などは、それらが作られた時点では人びとの生活を向上させる作用をしていたであろう。しかし、時代の変化に伴い、それは個人の自由な意志を強度に束縛する作用に転化する。その強力な束縛作用のもつ矛盾ないしは不合理を指す、と考えられよう。この矛盾ないし不合理を乗り越える勇気と行動の過程こそ、児童文学作品に要求される一面である。いいかえれば、現実からの解放によって未来に対する生き方が生まれてくるのでなく、今日から明日へと生きていく過程において、解放が生まれるのである。広津和郎氏は、

——日本人の持っているエネルギーを信ずること、そのめげない楽天性を信ずること、どんなことをしてでも現代の荒海を乗切って生き通して行けるエネルギーがこの民族にはあることを信じたい。（「文学論」筑摩書房）——

と、いわれる。この荒海を乗り切って生き通していくエネルギーを、児童文学が自分のものとして消化し、作品化する。そのことによって今日から明日へ成長する人間（子ども）が心の糧となる児童文学作品を得られるのではないだろうか。だが、すべての作品をこの勇気と行動の存在によってのみ選別する

ことはできない。なぜなら、この条件は児童文学における一つの要素であるから。

それでは、他の要素にはどんなものがあるだろうか。それには、「人間とは何か。生きるとは何か」を考えさせる要因もある。人びとが生きていく上に生ずる様々な現象に対して、より人間的な立場からの心づかいや、解決、そうしたものを大切にしたい。

最近、こんな投書が新聞にのっていた。要約すると、「ある女学生が家にかえってきて、しきりに悔やんでいるのを見て母親がたずねた。すると彼女は、自分の前で老人が自転車を倒したため、荷物が散らばった。自分はそれを拾ってあげることが出来なかったという。そして一日中ふさぎこんでいた」というのである。

この出来事に対して、「今どきの若い者は…」といういい方はこの場合当らない。老人を助けなかった彼女の態度について批判することはたやすいが、彼女が自分自身の行動に対する心の葛藤に苦しんでいたことを理解できるおとなは少ない。この体験を通して、彼女は人間的に成長するであろうことは容易に納得できる。

「児童文学作品の中の人物は、成長がなければならない」といったようなことがいわれる。前に書いたように、社会矛盾に立ち向っていく（人間の生に向っていく）人間（子ども）は、その行動を通して人間的に成長することは可能であろう。

しかし、この新聞記事の彼女は、自分自身の心の葛藤を通して成長への手がかりとなる。この外見的に見てまったく異なる二つの面において、それなりに成長への足がかりを得ることは可能である。この場合、前者における行動は、その過程が作品の上に表現しやすいし、読者としても理解しやすい点がある。が、ともすると、その人物像は典型的であり、抽象化されやすいこともまぬがれない。また、人物の心理描写が説明不足になり勝ちな傾向も生まれやすい。人間の行動の原点であるこの心の微妙な動きを充分考慮せず一定の公式を基準にして人物の言動を決めるならば、その作品は多分にご都合主義的なものとなるであろう。もちろん、複雑多様化する現代社会の現実では、個人とその周囲の人びとだとか、個人の生活を支配している社会を総合的に捉えて描いていくには、それそうとうのリアリティとの格闘がなければならない。自己の生をどこまで、現実の中で直視し、冷静にみつめていくかにかかわってくる問題でもある。

先ほどの新聞記事だが、これは、読者の投書であるから、文学作品にはなっていない。が、単に子どもの日常生活の一面を表現した作品や、自己の子ども時代の体験を安易に作品化したものより内容的には豊富であるといえる。

誤解のないように付記しておくが、自己の体験をストレートに作品化することを否定するつもりはまったくない。それはそれで意義のある仕事といえるものを持っているからである。ただ、単に自己の珍らしい体験を表現することにとどまらず、それによって自分がどう心をたかぶらせ、納得してきたかが問題である。いうなれば、文学は、現実との対決の中から生みだされる心の葛藤をどう表現するかである。

この心の葛藤を乗りこえて明日に向って前進するそのエネルギーが、「子どもの（おとなの）解放」に結びついていく。現実を直視し、その上に自己の人生観をつみあげる以外に進む方向はないであろう、と考える。児童文学といえども、作者自身が己との対決をふかめ現実（生活）との格闘を通すことによって生み出してきた作品こそが、はじめて人間（子ども）を現実の矛盾から解放してくれると思う。

（「中部児童文学」三四号、一九七六年七月四日）

2　松谷みよ子論

民話の採集と再話を始め、幼年童話・少年少女小説と、ファンタジー作品や原爆につながるものまでと、幅広い創作活動を持つ松谷みよ子氏は、今日の児童文学作家の中ではユニークな存在である。

こうした幅広い分野で活躍している作家の創作活動を、一つに引括めて論ずることは一筋なわではいかない。しかし、広いジャンルに渡る多くの作品も、元を手繰っていけば根本的には、一つの根源に結びついていく、と考えられる。松谷みよ子氏の場合、その根源に位置するものが何であるか、といえば、一般的に処女作といわれる作品「貝になった子ども」に、集約されている作家の姿勢ではないだろうか。

しばしば、「処女作に、その作家のすべてがある」といわれる。この言葉は、真実を語っているといえるが、その反面処女作が、その作家のすべてをいいつくすだけの真実を含んでいるかといえば、必ずしもそうとばかりとはいいきれない。また、逆に論じられる作家の側からしても、いつもいつも処女作や初期の作品で評価されたのでは、たまったものではないだろう。ということもわからない訳ではない。そればかりか、むしろ、そのことを迷惑に思う作家も中にはいるだろう。

だが、松谷みよ子氏の場合、敢えて処女作「貝になった子ども」を問題にするのは、この作品の中に関英雄氏がいうように作家の「諸要素が凝縮」されていることを、同じく見るからである。この「貝になった子ども」は、いうまでもなく、一九五一年の児童文学者協会新人賞受賞作品であり、作家松谷みよ子氏にとっては、処女出版の作品である。と同時に松谷氏一九歳の時の作品である（「日本児童文学」

一九六九年八月号略歴参照）。この作品について、関英雄氏は、

――五一年、第一童話集「貝になった子ども」に収録された折り、私は初めて読み、以来いく度読み返しても、いささかも色褪せることがない。……

書き出しの数行に、すでにこの作の生命であるほの暗い哀しみと、ふしぎな爽かさが溶け合った、緊張した詩的文体が感じられる。子を失った母の深い哀しみが、哀しみの果てに、海の底に白い貝となって眠るわが子を見ることで、哀しみを美しい慰めに昇華させているこの童話は、現実を幻想の次元に転移させる手法のたくみさで、読者にカタルシスの爽かさを覚えさせる――

と、高く評価しておられる。

　この評価については、いささかも反論する気はない。わが子弥一を失った母親おゆうの、どうしようもない哀しみを、「そして顔をあげたとき、子どもたちのすがたはどこにも見えなかったのです。弥一。弥一。おゆうさんのおろおろした声は、こだまになって、むなしくかえってくるばかりでした。夕風がつめたくふきすぎました」と、表現できる作者の、表現の確かさと、詩的な感受性の豊かさには驚かされる。「夕風がつめたくふきすぎました」の一行は、俳諧でいうわび、さびにつながるものを感じさせられるのであるが、この一行のもつ意味は、他の言葉では変えようのない程、多くのものを読者に与えてくれる。芭蕉の「このみちや」の句に詠まれた、秋の夕暮の哀しさにつながる哀しさと母親の子を思う心の深さが巧みに重なり合わさることによって、一層哀しさを増している。と、初めてこの作品を読んだ時に感じた。と同時に、作者一九歳の時の作であることにも驚きを覚えた。

　このように読者をして思わせるのは、やはり、作者の文学的素養の深さによるものと考えられる。俗

諺に「子を持って知る親の恩」というのがある。母親の子を思う心の奥底は、子どもを持った者でないとわからないということであろう。それを、結婚前の女性がこれ程まで、子を失った母親の真情を摑み得たということになると、それは作者の思考の巧みさという以外ないであろう。作品「貝になった子ども」でみせた、作者の文学的素養の深さ、表現力のたしかさ、感受性の鋭さは、その後の作品に共通していえる要素である。

しかし、この他にもう一つ見落とせない部分があることに気づく。それは何か。この作品に即していえば、おゆうさんの家は「もっこりとした山と山の間にしずんでいるような村」にあり、村から半日の距離に海が見える。こんな山の中に住みながら、おゆうさんの姿には、土の匂いがしてこない、ということである。

「土間のかたすみにあるかまどの前にしゃがんで、だれひとり起きてこない夜あけ、火をたいている」、その姿は、視覚的には、農婦を想起させるが、それ以上に、土に生きる人間の匂いがしないのである。それはなぜだろう。ここに、作者松谷みよ子氏の一つの特色があるともいえる。作者の生い立ちによって、作品世界を規定することの是非は別として、松谷氏の生い立ちを考えると、東京生まれで弁護士の末っ子である。そして田舎暮しの経験は、終戦の年以後一年に満たないほどである。また、作者には、一九歳の年齢でこの作品を書くほどの才能の持ち主でもある。

そうした点から見ると、作者はエリート階層に属する人であり、貴族的な雰囲気を持つ人である、と考える（このことは、直接ご本人の生活を知っている者ではなく、作品と年譜から受ける感覚的なものでしかないことを断っておく）。この貴族的な要素と、土に生きる泥くささとは、相入れない要素を多分にもつといえる。また、こうした要素は、思考によって得られるものでなく、その生い立ちと生活環境によって、自ら身につく要素である。

松谷氏の場合、その持つ文学的素養の深さと、感受性の鋭さはその創作分野を最大限に拡大できる可能性につながる。こうした条件の下で、作者はやがて土俗的な民話の世界へ入っていくのであるが、その姿勢には、どうしても私のように、田舎で育ち土俗的な生活を送ってきた者にとっては、第三者的なものを感ずる。松谷氏自身、「民話の世界」（講談社現代新書）の中で次のようにいう。

――たぶん当時としては、私の家庭はややハイカラな部類に属したのかもしれない。だから読書環境はよかったのだけれども、昔話の雰囲気には遠かったのかもしれない。そういうわけで、昔話を聞いたたった一つの思い出は、ねえやがお風呂の中で話してくれた人身御供にされた娘の話だけである。……こんなふうだったから、私は狐が化ける話などにはあまり興味がなく、信州に疎開したとき狐に化かされた話やにぎりっ屁の話を聞いた時も野卑な感じさえいだいたのであった――

この松谷氏の過去の思い出は、生活体験に裏づけられた生活感覚であり、人間観でもあったといえる。だから、「貝になった子ども」のおゆうさんの中には、母親としての哀しみは表現できたが、山村に生きるひとりの女としての肌の匂いが、どうしても表現し得なかったのではないだろうか。一口に「土に生きる」というが、現実の農山村に生きる人びとの生活を、肌を通して自分の生き方として摑むことは、その土地の風俗習慣、また自然と対峙しないものにとっては、間接的経験でしかないといえる。もちろん、知識としてそれを理解することはできるであろう。しかし、生活を支える生活感覚というものは、言葉を通して理解できるものだけではないだろう。松谷氏の生活の中には、「昔話の雰囲気には遠かった……」といわれるように、生産の場を通しての民話的要素はほとんどなかったといえる。では、この松谷氏が民話の世界へ足を踏み入れた動機は、何であったのか。

それにはいろいろな原因が考えられる。その一つに、自分にない世界、未知なる世界に対する知的好奇心、というものが考えられる。松谷氏は、

――私を民話の世界に引っぱり込んだのは昭和二六年に創立した人形座の瀬川拓男氏である。……当時は人形座に所属、人形座は高山貞章作による「あのさま」を上演していた。「あのさま」について、また民話について、「民族芸術を創る会」の人びとと人形座の人びととの間で活発な討論が展開されており、私は民話というものにはじめて目を開かれた思いがした（民話の世界）――

と、書いておられる。

ここから考えられるのは、民話そのものが持つ土俗性、人間くささ、果てしない欲望や願望といったようなものを通して、土に生きる人間の根源的な生に対する共感ではなく、民話について語りあう人びとの熱気に限りない魅力を感じた、と考えられる。先の引用部分につづいて、次のようにいっておられる。

――また下町の庶民芸術である紙芝居のグループ「みどり会」の人たちともめぐりあうことになった。そこには沸き立つようなエネルギーがあった。幼い日、私は紙芝居をみることを禁じられて育ってきた。だからどこかで、どぎついものと思いこんでいる面があった。しかし、知りあってみればカチカチと拍子木をたたいて紙芝居を打つ小父さんたちをはじめ、紙芝居作家や画家たちが、庶民のための芸術創造に熱中していた――

こうした「庶民のための芸術創造に熱中していた」人びとの中に入ることによって、松谷氏が、はじめに感じたのは何であったかといえば、それは、「激しい討論をして倦むことがない」ほどこの人たちを引き付けている、民話世界の奥底を知りたい、という気持ちではなかっただろうか。松谷氏にとってみれば、下町に生きる庶民芸術である紙芝居も大きな魅力であったが、民話の世界の拡がりは、この紙芝居をはるかにうわまわる未知の世界であったにちがいない。この未知の世界に対する知的好奇心のたかぶりは、やがて、民話採集の旅へと、作者を駆り立てたといえる。こうした動機から踏み込んだ民話世界ではあるが、その努力がやがて、「龍の子太郎」として結晶したのである。この作品の評価については、筆者が今さら云々するまでもないだろう。

松谷氏の民話に関する作品は、それなりに評価されているが、全体的に眺めた場合、余りにもその作品世界の美しさが目立つのは、どうしてだろうか。民話は、その話が語られる土地に生きた人びとの生活を通して生み出された話である。また、その土地に生きる人間生活感情を通して理解され、伝達されていくものである。その中には、常に人びとの生に対する限りない、執念が存在する。その執念は、個々の限りない富への欲望、権力への意志、妬み、愛、友情、怨みなどといったものがおり重なりあい、決して純粋な人間愛だけに統一されるものではない。

松谷氏の民話に関する作品の根底には、あまりにも、この人間愛が満ち満ちているような気がしてならない。いいかえていうならば、作品に登場する人びとが、どれをとってみても善心であり過ぎるからであろう。これは、松谷氏の生き方から生まれた人間観であろうと思われるが、多くの民話を、この人間観を通して語るところに、松谷民話の特色があるといえる。

松谷氏の再話の中に「大里峠の大蛇」（角川書店版）というのがある。話のあらすじは、越後の関川村にお里乃という娘が、父親と二人で暮していた。ある時、父親が蛇の味噌漬を作るのであるが、お里乃は、その味のよさについひとりで全部食べてしまったのである。その結果、お里乃は大蛇になったという。

それから何年か経って、ある盲の坊さんが、お里乃の大蛇の住む山へ来る。大蛇は、その盲の坊さんのびわを聞くのと交換に、自分はすぐ体がもっと大きくなる。すると、まわりの村々を泥の海にして住む、という秘密を聞かせる。この秘密を聞いた坊さんは、自分の命を捨てて村人にこの話を聞かせるのである。蛇の祟りで坊さんは死ぬが、大蛇は村人によって殺される、というのである。この話の前半は、松谷氏が『民話の世界』（講談社現代新書）の中で、「三匹イワナを食べると竜になる」として紹介している民話と同列のものであり、後半は「池に浮んだ一ちょうの琵琶」に繋がる部分である。

しかし、「三匹のイワナ……」の方には、「貧しい山の暮しの中で、獲物は必ず平等に分けあう」という掟を破って男が大蛇になると紹介しているが、「大里峠の大蛇」には、この庶民の生活の貧しさよりも、お里乃の変身に何か哀しさを見い出す。また、「……琵琶」の方には、「たびたび襲った山津波という自然の脅威を竜神の怒りとみた人びとの哀しい思い」があると、指摘されておられる。

しかし、「大里峠の大蛇」の方には、強力な自然の力に対抗する人びとの姿より、体が大きくなることによって村を泥海にせざるを得ない大蛇が、村人に殺されるその姿に、むしろあわれさを感ずる。「大里峠の大蛇」は、苛酷な自然に対して、何とか生きのびようとする庶民の赤裸々な姿よりも、「生」を望みながら、それがかなえられなかった人びとの悲しさに力点が移されていると思える。ここには、人を押しのけても生きようとする、人間の執念は見られない。

民話のもつ「泥くささ」という言葉は、単に農村に生きるという意味だけではないことはいうまでもない。その言葉に含まれる生に対する限りない執念、そこから生まれる欲望とか、醜さといったものも存在する。しかし、松谷氏の民話に関する作品においては、そうした人間の一面を浄化し、善心の美しさや、救われない者の哀れさに転化している面を見ることができる。

これは、松谷氏の民話に対する一つの姿勢ではないだろうか、と思われる。松谷氏が持つ、「育ちの良さ」と「文学的才能」は、松谷氏の長所であり創作活動の原動力ではあるが、土に生きる庶民の多情な感覚に、腹の底から共鳴し、あるいは反発するには、マイナスの作用をしているといえる。ここに松谷氏の民話の特色と同時に、一つの限界があるといえる。

松谷氏の多くの作品を見た場合、「龍の子太郎」は別として、子どもたち（大人を含めて）から圧倒的な好評を受けているのは「モモちゃんシリーズ」である。

この作品シリーズは、一九六四年刊行以来、今でも再版され、多くの子どもが一度は「モモちゃんの世界」にあこがれに似た感動を覚えている。それは、この作品シリーズにこそ、松谷氏の本領があますところなく作品に生かされているからである。

民話世界において、どうしても乗りこえられなかった現実の生活の枠を、この「モモちゃん」では、逆に作品の中にとり入れた点が成功の要因であろう。加えて、「モモちゃん」は自己の生活体験を通して、創り出された作品である。そこに、子どももおとなも魅きつける魅力が存在するといえる。また、子どもに対する母親の愛情は、知識的に作られた愛でなく、子どもを持った女性が自然に身につける愛情である。そこに、この作品が時代を超えて人びとに迎えられる要因がある。

モモちゃんの家庭は決して貴族的なものではない。しかし、モモちゃん母子には、庶民のもたない気品とおおらかさがある。しかもそれは意識して作ったものでなく、作品世界から漂ってくる。この気品とおおらかさを、登場人物が持つゆえにこの作品は読者に無条件で受け入れられる。読者は、日常生活の中で願望しても得られない、精神的な気品をこの作品の中に見い出しているといえる。

初めに「貝になった子ども」のおゆうさんに土の匂いがないといったのは、おゆうさんの中にもこの気品が漂っているからである。また、「きよばあさまとヘビ」（『お月さんももいろ』収録）に登場するきよばあさまにも、このことはいえる。田舎に住むきよばあさまであるから、当然畑仕事もしていたであろうし、水仕事もしているだろう。そうした生活の苦しみが、すべて浄化されて、何ともおおらかなばあさまが浮かんでくる。

松谷氏は、「原話と再話をめぐって」と題して次のようにいわれる。

――自分が魅せられる話、書きたいと思う話を考えてみると、どこかで生きてきた道筋でかかわってきた部分と重なっており、だから自分も面白く、筆で語りたくなるようだ。同じように語り手のおばあさん達も、恐らく自分の人生の中で心の肌にふれた部分を、熱をこめて語ったかと思う（「児童文芸」一九七六年秋季号）――

この言葉には、書き手、語り手の真実がある。松谷氏の民話が、美しく哀しいものに表現されるのは、松谷氏自身の人柄の表われであるといえる。この点からすれば、民話の持つ泥くささが、人間のえげつなさが、浄化されてしまうのもやむなしといえる。いうなれば、筆者は「モモちゃん」シリーズの中にこそ生きた姿の作者を見い出す。

ところで、映画化が決定し話題をまいている作品「ふたりのイーダ」について、どうなのか、と考えてみると、ここでも松谷氏の独特の味が色濃く感じられる。この作品について、坪田譲治氏は、

――この作品は、原爆をあつかったものですが、原爆と来ると、これは大物です。……然し心ある作家は、一生に一度は、これを手がけなければなりません。……松谷さんのこの作品は……表現は象徴的であっても、それが訴える力は、静か乍らも、きっと、戦争の抑止力となり（講談社文庫版「ふたりのイーダ」解説）――

と、評価されておられる。

松谷氏が、この民族的な課題に取り組まれた姿勢は、民話採集の姿勢と重なるように思えてならない。それは、再びありえてはならないこの課題を、現代の子どもたちに語り伝えなければならないという姿勢であるが、この姿勢については異議はない。だが、この作品を見た場合、原爆問題をテーマとしながら、その核心に突き刺さるような怒りが響いてこない。おそらく、坪田氏がいわれる、象徴的な表現によるためかもしれない。が、それよりも、八月六日のカレンダーを残したまま、いつまでも帰らぬイーダを、待ち続ける椅子の心情に力量が置かれているためではないだろうか。

ある日、急に見えなくなったイーダを、いつまでも待つ椅子の心情は、「貝になった子ども」のおゆうさんの心情とここでも繋がるのである。そこには、失った者を待ち続けながらその原因不明のまま、自分を納得させざるを得ない者の哀しさ。この哀しさは、松谷民話の世界に見られる美しさを成立させる条件でもある。

松谷氏の作品世界は、「モモちゃん」シリーズを除くとすべてが「貝になった子ども」を核にして同心円的に創られ、しかもその指向する方向が常に円の中心方向である。そして、人間の哀しみの中に美を見い出す意識が存在する。ここに松谷文学の存在が認識されるのである。

（「児童文芸」一九七六年一二月二五日）

3　民話における再話の問題点

世の中の変り方は日毎に増大していく。かつての家長を中心とした家族制度は、崩壊し、核家族化の現象を生み出した。また、産業構造の変化、および諸科学の発達は、都市への人口集中と農村における過疎化現象を作り、農村における村落共同体を崩壊させるにいたった。一方、都市での人口集中は、今まで比較的固定していた都市住民の生活圏に、流動現象を生みだした。

さらに、住宅地と労働の場との分離は、生産活動から生まれる人びとの横のつながりを分離する結果となり、都市に住む人びとの連帯感を土地から遊離したものとしている。物資の大量生産、大量消費の傾向は、価値観の多様化を伴い、世代における感覚の断層を生みだしている。

こうした社会現象に、拍車をかけるものとしてレジャーの広域化、多様化があり、映像文化の茶の間への浸透がある。これらのものは、家族間のまた地域社会の共通性をもたちきる要因となっている。

現代人は、夏の夜の夕涼みに、親子が庭に出て星空を見たり、秋の夜長を囲炉裏の火を囲んで昔話に花をさかせるといった、家庭内の共通の場を消失している。

また、農村における農業生産の多様化と機械化は、さらに、人口の減少は共同体としての農村社会を消失させている。

村の氏神の祭が、生産の場と切り離され、単なる観光的な年中行事となってしまったり、四季の農耕に伴う土俗行事、または庚申などの講制度の崩壊は人びとの共通の場を消失させる結果となっている。

さらに、農業生産の多様化は、その地理的風土の圧力が農村全体の共通の敵とはならなくした。

このような諸現象による人びとの共通の場の消失は、口承民話の語り手である老人と、聞き手側である人びとの間に大きな差を作り出している。テレビの発達は、この傾向をいっそう増大させるものであり、もはや口承民話の伝達の場は、ほとんど失われたともいえる程である。このために口承民話は、それを語る老人の死と共に消滅の運命にあるといえる。民話を受け継ぎ、次代の人びとへ伝達するための民話採集者の一人である、佐々木徳夫氏は、「昔話の採集は、精々ここ十年が限界であろう」(日本児童文学増刊「民話」)といわれる。

民話を生きて伝達させるためには、語り手と聞き手の間に共通の生活の場の存在が必要であり、語り手は、自分の聞いて来た民話を、単に、おうむ返しに語るのではなく自分の実生活での体験を通すことによって、より現代的な民話へと変化させる。このことによって、民話は新しい生命をふき込まれ、伝承に価するものとなる。

したがって、それを受け取る側の実生活における体験および価値観が、語り手側のものと大きな差がある以上、民話の再生産に必要な民衆の汗のエネルギーを加えられない。また、この差のために、一方的な語りであって次代へ伝承させる条件も保証されていない。

老人が孫に昔話を聞かせても、孫の方では古い話として耳にも入れないのであり、むしろ、テレビの変身ものの方により強く興味を示している状態である。また、核家族化は、子どもに伝達する民話の用意が親の側になく、その用意のある老人側には聞き手が存在しないというのも、今日の特色である。

このことは、口承民話の消滅を意味しており、語り手を失うことは、私たちが民話を失うことである。

単なる伝え話としての民話でなく、生きた民衆の汗のエネルギーを加えることによって、より生き生きとした民話を生みだす条件が作られる。こうした民話の再生産が、くり返されることによって古い昔の話としての民話でなく、現代に生きる民衆の民話となるのである。

今まで述べてきた現状を目の前にして、私たちは今なにをなすべきか。それは、今さらいうまでもなく、第一にしなければならないことは、より多くの民話をできるだけ広範囲にわたって採集することである。

勿論、今日まで多くの人びとによって、この採集の努力はされている。だが、佐々木氏がいわれるように、ここ一〇年が限界であるとするならばこの努力をより強力に進める必要がある。第二になすことは、民話の採集と平行して、採集された民話の保存と、再話創造の仕事である。この第二の仕事についても、今日多くの人びとの努力によっていくつかの成果をあげている。

以上、述べてきたことは、すでに一般の人びとの中でも論じられてきている。しかし、このような一つの社会的状況に立って、多くの人びとによって、民話が採集され、保存されてきている現在、一つの問題点がある。

現在、昔話集大成とか、日本の民話として、文字によって多く採集されれば、それで民話の採集なり保存がことたりるかといえるか。そこで、現在刊行されつつある日本の民話について問題点、疑問点を提出したい。

再話について

民話の静かなブームは今、なお続いている。各出版社により民話本の出版は、活発であり、それぞれに特色のあるものが刊行されている。角川書店が今年（一九七三年）の二月に刊行を開始した「日本の民話」全一二巻もそうした中の一つである。

子ども向けに出版されるこれらの民話は、再話を中心としたものと、再創造ないしは民話を下敷として創作されたものとに大別される。このことによる違いはともかく、我々は多くの民話を子どもに与える場合、与える民話の中に何を読み取るかということである。

いいかえると、民話ならばどんなものでも、与えればいいと、いえるか。やはり、子どもに民話を与える時点において、どのような民話を、どのような形で与えるのかを考える必要がある。ただし、このことについて、教育的でないとか、内容が残虐すぎるとか、性的すぎるとか、いわゆる文部省的な立場でいうつもりはない。

一つの原話を、子どもが理解できるものとして与える場合、やはり、再話なり再創造なりの作業がされるであろうし、ましてや一冊の本にするとなれば、一つの編集方針も必要となる。この場合に、再話者なり編集者なりがいかなる立場から、その民話をどう読み、どう理解したかが問題である。原話のもつ表面的な面白さだけでなく、その民話を生み出し、伝えてきた多くの民衆のエネルギーをどう受けとめ、自分たちの生活との関わりにおいて、どう考えたかである。ただし、この問題は、単に再話者なり編集者なりにかぶせられた問題ではなく、広く児童文学にかかわるすべての問題として考えることが必要である。

私たちが、今日の段階において消失しようとする口承文芸としての民話を、次代に残せる方法は、できるだけ多くの原話を採集し、それを的確に保存すると同時に、これを再話し、多くの子どもや大人に伝達すること。原話の採集は、もはや秒読みの範囲に追い込まれつつあることは、すでに述べた。

しかし、こうした原話を不用意に再話したり、単に話の筋の面白さだけを活字化することは、今日まで伝えられた民話を自らの手で殺すことを意味する。単に、外形だけの話であって、生きた民衆のエネルギーを、そして生活の中からほとばしり出る願望をぬきとった再話であるなら「百害あって一利」なしともいえる。権力におしひしがれ、自然の力の前に無力をさらけ出す弱い人びとではあるが、なお、明日に向かって生きようとする粘り強さがあり、一枚むけば欲望と本能とがどす黒い血と共に吹き出してくる生きた人間のもつ息づかいをぬきにした民話は、もはや単なる笑話であり、不思議さをもつ滑稽譚でしかない。民話という以上、そこには人間の生命が必要である。

この問題については、日本児童文学増刊号「民話」に多くの人びとが、それぞれの立場から詳しく述べられておられる。それを参考にしてほしい。

ここでは、先にあげた角川書店の日本の民話にとりあげられた、二・三の話に基づいて問題点・疑問点を考えてみたいと思う。

一、「うさぎとくま」をどう読むか

第一回配本（第八巻・乱世に生きる）の、最初にのっている「うさぎとくま」の話をどう読むか。

タイトルには「乱世のはじまり」とあり、その1がこの話である。簡単に紹介すれば、むかし、うさぎとくまがいて、ある日、山へまきをとりに行く。うさぎはすぐ「くだぶれた」といって、くまに自分のまきをもたせ、次いで自分もくまの背に乗って帰るのだが途中で、くまの背おったまきに火をつけて大やけどをさせる。

くまが一人で山をくだる途中に、またうさぎがいる。このうさぎが、またくまをだまし藤づるで手足をしばって谷底へ、くまをつき落としてしまう。

くまがウンウンうなりながら山を越えて行くと、またうさぎがいてミソを作っている。うさぎはくまをだまして、このミソをやけどやうちみにぬりつけてくるしめる。

くまが泣き泣き山を越えて行くとまたうさぎがいて、雑魚をとる舟を作ると板をひいている。このうさぎも、くまをだまして土舟にのせこぎだすが、最後にくまを竿で突んのめして殺してしまう。「気のいいうすのろ鈍八のくまは死んだ。くまは死んだ――」でこの話は終る。

この話の場合、うさぎが四回でてくるが、各々が別のうさぎのようである。それは各々のうさぎ自身が「別のうさぎ」と主張するからである。ただし、これはうさぎだけの一方的な発言であって、確かな証拠はない。一応うさぎの証言を信ずるとして、うさぎは別々の存在であるとしておこう。すると、このうさぎどもは共通してくまをいためつけているということである（最後には殺してしまう）。すなわち、うさぎの側からすれば、くまはどんな方法を使ってもいいから、殺すべき存在とみなされている。

殺すべき存在とは何か。この再話には、くまの実体があらわれていない。ただ、気のいいうすのろとしての存在でしかなく、うさぎに殺される理由をもたない存在である。

ここに確固たる殺す理由のない、くまを殺すうさぎの側の論理の存在を見い出さねばならない。しかし、この話の範囲内で考えてみた場合、やはり、うさぎの方に殺す側の論理は書かれていない。殺す側の論理は、相手を殺さなければ、自分が殺されるか、ないしは酷い目にあうだろうという予測に裏づけられる。さもなければ、それが自分の生きる食糧となる場合である。

もっとも近代社会においては、自己の出世や欲望のために、相手を殺す場合もある。いずれにしても、うさぎの場合はこれにあたらない。では何か。

未開民族ものとも、闘争行為の伝承化とも考えられないこともない。自分の勢力圏ないしは生活圏へ侵入してくる者は、すべてを殺すことによって自分の生活を守るという行為を象徴化したものとも考えられるが、この考え方とはいささかずれがある。

瀬川拓男氏は、この話について本書の解説で、「カチカチ山型のくまとうさぎ……は、世界の未開農耕民に広く分布」しているといわれる。このうさぎがくまにとった行為は、たしかに「カチカチ山」のうさぎが狸にとった行為と表面的には同じ行為である。

だが、「カチカチ山」の場合は、この前にもう一つの話があり、うさぎとくまの話にあたる部分は、全体の後半の部分にあたる。この後半の部分だけが独立しており、なお、未開農耕民の間に広く分布しているとするならば、「カチカチ山」とは、何らかの形において目的とするものに違いがあると考えられる。

それはともかく、「カチカチ山」の場合のうさぎの行為は、狸がとった行為（おばあさんを殺す行為）に対する復しゅう、ないしはかたき打ちという明確な理由のもとになす行為である（もっとも狸の方にもおばあさんを殺すだけの理由がある)。しかも、この話の場合は、一匹のうさぎが計画的に狸を死に追いつめて行く。

だが、「うさぎとくま」の場合は一匹のうさぎではないようである。もし、これが一匹のうさぎの行為とすれば、その行為の原因が明確にされねばならない。したがって、この原因が不明であるならば、この話から受けとるものは理由らしきものもないままに、気のいいうすのろのくまを死に追い込んでいる。「乱世とはこうしたもの」といってしまえば、それまでだが、それで納得いくものではない。

また、前にも書いたように、自巳の生活圏に侵入して来る者を殺すという「喰うか喰われるか」という、未開人のもっていた生活条件から生まれてきた話だとするならば、この話は、単にその荒筋だけが残され、「カチカチ山」の登場者に似せて、うさぎとくまを設定しただけの話ということになる。

この話には、文学としての味も生活の中から生まれるエネルギーも、生きるためのドロドロした欲望、葛藤もない。単に「弱者をいじめ殺す」というものしか残されていない。

やはり、私たちは民話を再話し、活字化する上に大切なものは、単に伝承された民話をそのまま現代語に移すだけでなく、その中に民話の本来もっている物語としての要素をふまえた文学性を含ませる必要がある。

したがって、その文学性を持たない「うさぎとくま」の話は、何ら次代へ受け継ぐべき意義(要素)を持たない話である。この点、あえてこの話を巻頭にのせた編集態度が問い直されるべきではないか。

二、「蜘蛛の妖怪」に見る死

ここには、蜘蛛の妖怪として「蜘蛛男」「蜘蛛女」の二編が再話されている。

簡単に内容を紹介すると、「蜘蛛男」の方は、ある男が村人と立山へ登り蜘蛛の化物におそわれる。一年程してこの男が、嫁をもらうのであるが、ある日この嫁さんが一人で山へたきぎを取りに行って青い顔をしてもどってくる。しかし、やがてくもの卵を生むのである。卵からかえった子ぐもは、みんな殺したものの、嫁さんの目から見るとどこもかしこもくもの糸だらけであり、これがもとで嫁さんはとうとう病気で死んでしまうのである（富山県・伝説）。

一方「蜘蛛女」の方は、小間物売りの男が、山道に迷って谷あいの古寺に泊まることにした。夜もふけてあたりが静まり返ると、二階から女が三味線をもっておりてくる。

この女が、小間物売りのそばへきて三味線をひくと、いつのまにか男の首に糸がまきつき引き締められる。男は小刀でこの糸を切ってほっとする。また女が三味線をひく。三度目に男の首に糸がまきつこうとした時、男は小刀で女を刺す。女は悲鳴をあげて二階へ逃げていくのであるが、夜があけてから上って見ると大きな古蜘蛛が傷ついていてうなっていたので、男はこの蜘蛛を殺してしまう（東北地方の昔話）。

題の示すように、この二つの話に登場する妖怪は「蜘蛛」である。瀬川拓男氏は解説で、

――「蜘蛛の妖怪」はその1とその2の対比が興味深い。その1では蜘蛛男に取りつかれた人間の女房が、だれにも見えぬ蜘蛛の糸におびえて狂ったように死ぬ。

古い形の蜘蛛聟譚では精霊の力はまだ無気味な効果を上げているが、その2の蜘蛛女になると……「あれお客さま、何をめさんす」と、お女郎のようなせりふを残して一階へ逃げて行くあたり、近世笑話の影が色濃くにじんではいるものの、滅びへ向かう妖怪の姿がひとしお哀れを誘っている――といわ

れている。

妖怪の存在が、人間とのかかわりにおいて成立するということは、妖怪の悲劇的な運命を内在させていることであり、人間界の進歩がこの運命をより過酷なものとしているという立場からの解説である。この点についていては、異論はない。

むしろ、興味があるのは、この二つの話にでてくる死についてである。「蜘蛛男」の方で死ぬのは、人間であるが女である。また「蜘蛛女」の方では妖怪ではあるが、これも女である。どちらも女が死んでおり、相手側の男は生き残っているということである。この女の死をどう考えるか。

この二つの話を比べてみると、「蜘蛛男」の方がやや古い時代の話である。第一に、蜘蛛の妖怪の力がまだまだ人間に勝っており、その力で人間を死に追い込みながら生き残っている。第二に、「蜘蛛女」の方は三味線をならしてうたをうたうというのは、江戸期の「鳥追い」の要素をもったものであり、あまり古くない時代背景と思われる。いずれにしても、その成立年代の確かなことは立証できないが、この二つを比べると「蜘蛛男」の方が古い。

ところで、この女の死であるが、江戸時代のわが国における女の社会的地位の低さはよく知られている。したがって、そうした社会的な男女の差別観を、この民話も反映して女が死ぬと考えるのは考えすぎであろうか。

この二つの話を個々に読めばともかく、こうしてこの二つを並べて見た場合、やはり、共に女の方が死ぬ結論にいささかひっかかる。

蜘蛛女の方は滅びゆく妖怪の運命、としてとらえるとする。したがって、仮りにこの蜘蛛が男であっても殺されたかもしれないという一面の不安もある。しかし、人間の方は、どうとらえるか。最初に立山で蜘蛛におそわれた男の場合は、妖怪の手でさわられたところに黒い毛がはえて消えなかった、というだけで死にはつながっていない。ところが、女の方はこれが死につながっている。もっとも、卵を生むのであるから、それなりの交渉があったとは考えられるが、それが目の前にちらつく糸の幻覚のために死にいたる。

同じ蜘蛛の妖怪におそわれたとしても、男だけが死なずに女だけが死ぬのはなぜか。蜘蛛とのかかわりの深さから考えれば、男の方は単におそわれただけであり（つかまれば多分えさにされたであろうが）、女の方はもっと深いつながりである。単に、一時のたぶらかしではなく、卵を生ませるというのであるから、それだけの精もあったと考えられよう。しかし、なぜこの女を、蜘蛛が、そして語り手が死においこんでいったか。この両者の扱いは、男の場合に比べて女の方は、あきらかに弱者としての取り扱いである。この扱いは蜘蛛女の方にもいえる。

共通しているのは、女を弱者としてとらえている点であり、常に男性に支配される立場としての女である。もっとも、このことは、近世社会に特有のものではない。それ以前から、女性の立場の弱さは存在していた。

こんな話が今昔物語集にある。河内の国の富農の娘が蛇におそわれて、その子をはらむが、薬の力でこの難をさける。しかるにまた三年程して同じことがあり、結局この娘は死ぬのであるが、最後に医師の力、薬の験不思議やと語っている。

この場合も女が死ぬのであるが、話の中心が最後の一行にある。したがって、蜘蛛男の話とは伝えるべきポイントに差があるといえるが、やはり女が死ぬ点は共通している。

　この話と蜘蛛の妖怪の話との時代背景は違っていても、話の素材として女が妖怪によって、たやすく死においこまれるという共通性は何によるものであろうか。また、こうした要素をもつ話が、成立する条件は何であったのか。

　いうなれば、性による社会的な差別観が民衆の間にまで自然のものとして受け入れられている反映といえる。もし、これらの民話の伝承の時代に男女の性による差別がなかったならば、少なくとも蜘蛛男の話は結論の部分が何らかの形に変形されてきているであろう。

　今日まで、このままの形で伝わってきたということはやはり、女性の社会的な地位の問題と無縁ではない（ただし、今昔物語集の方は文字化されているため変形することはない）。

　民話が、時代の民衆の生きる願いや欲望などを含めたエネルギーの所産であることと同時に、その時代の社会的思考、社会的制度の制約を強力に受けているということである。この二つの蜘蛛の妖怪に登場する女の死というものは、その一つの例である。

三、「動物の競走」の結末について

「動物の競走」の中には、「きつねとたにし」「鯨となまこ」「うさぎ・亀・ふくろう」の三つの話が紹介されている。この三つの話に共通している点は、彼らが競走した場合、勝てそうもない相手に勝つということである。

　きつねとたにしの場合はたにしが勝ち、鯨となまこの場合はなまこ、うさぎと亀の場合は亀が勝つ。

この結果は、常識としては考えられないものである。もっとも一般通念から見て、考えられない結果が生み出されているために話として成立している（常識通りの結果が得られたならば、話として伝承する条件は何もない）。

では、この常識をくつがえして勝つためには、それなりの理由があり、方法が考えられているはずである。

第一話のきつねとたにしの場合は、きつねのしっぽにたにしがぶらさがっていき、きつねがうしろをふり返ったときおりて勝つ。

第二話のなまこは、仲間を多数あつめて要所要所に待たせておき、鯨がそこを通るたびに新しい仲間がさも先を行くように見せかけて勝つ。本当は、鯨だけがゴールをめざして一人で泳いでいるだけで、なまこは初めからゴールに別の仲間を待たせていたのである。

第三話のうさぎと亀の場合も、第二話と同じ方法で勝っている。この話は、よく知られているうさぎと亀の話で、うさぎが途中で油断をし、昼寝をしている間に亀ががんばって、ゴールインするのであるが、この話とは大きくちがう。こうした方法を使うことによって、到底勝てるはずのない者たちが勝った。

この話の中から私たちは何を受けとるのか。単に、動物たちの罪もない、競走話として受けとるか。また、普通では勝てない相手に対して知恵を使って、仲間の助けをかりて勝った勝者の頭の良さを受けとるのか。反対に負けた者のおごりに対しての、いましめと考えるべきか。

前に書いた、一般に知られている昼寝をして負けたうさぎの話を私たちは、油断大敵とか、おごりをいさめるという形で聞かされてきた。たしかに、うさぎは亀ののろさを計算したうえで、昼寝をしたのだが、寝過ごしたことによって負けるのであるから、おのれ自身に負けたともいえる。

だが、この三つの話はそうとはいえない。似たものといえば、第一話ぐらいのものである。もっとも、これをきつねの油断としてしまうのには問題がある。むしろ、たにしの計画的行為と見た方がよい。他の二つの話も同じく勝者の計画的行為といえる。いずれも罪もない昔話、として受けとってしまえばそれまでであるが、そうはいいきれない。

むしろ、今日の社会に見られる「勝てば官軍」的な要素を感ずる。また、「勝つためには手段を選ばず」という俗諺があるが、それに共通する要素が見い出せる。

道徳が失われたとか、自巳中心的な考え方が多く、社会福祉がなおざりにされているといわれる現在である。その時点で、この話を聞くと、「それでも勝てばいいのではないか」と問いなおされているような気がする。この点について、三つの話の最後の部分から考えてみる。

第一話のきつねは負けてコソコソやぶ陰に消えた。たにしはおもしろそうに歌っていた。「ヒヨンヒヨン山の赤ぎつね、たにしにまけておかしおかし」。

第二話の場合、なまこは日本のいそに住みつき、鯨は逃げて遠い海へ行ってしまった。

第三話は、動物の神さまが現われて、甲らにひびわれができ、ふくろうは亀に加担したとして、目をぬきとられ夜だけしか見えぬ目玉と取り替えられてしまう。

第二話と第三話は、動物の由来話とした要素もある。しかし、やはりそれより勝ち負けの話の要素が強いといえる。この最後の部分で、第三話だけがはっきりと不正に対して、神が制裁を加えているが、他の二つの話はそれがない。したがって、勝つためには手段をえらばず、結果において勝ちさえすればいいという印象が強い。

このことは、人間のもつ闘争本能を基盤とした人間の行為を、特に未開社会における人間の生活態度から生み出された、生活の知恵を土台として作られた話、といえないこともない。しかし、そういった生活の中からにじみでるバイタリティーといったものは読みとれない。

こうした動物を主体とした昔話の多くは、原始未開社会に生きた、人びとのもつ自然の中での闘争からくる生活のエネルギーというものは、ほとんど消失しており、単に動物の昔話として話だけが伝承している傾向がある。この三つの話にしても、その例外ではない。しかし、動物話だからといって、安易に受け流せるものではない。

第三話の神の出現と不正をした者に対する制裁の部分は、法治国家に生きる生活の中からつけ加えられた部分でもあるような気がする。しかし、そのために他の二つの話がより民衆的であり、この第三話が支配者的立場であるとはいえない。

いつの世においても、不正をして勝ちを得るものに対する人びとの反応は、そんな甘いものではない。生活の苦しさにおしひしがれる中においてなされる不正は、自己防衛の形をとるのが普通である。

こうした積極的な行為によって、勝ちをしめることに対して、その勝ちが支配者ないしは自分たちを苦しめる者に対して、むけられる場合においてのみ、民衆の拍手が得られるだけである。不正が堂々と通用したのは、むしろ支配者側の行為であって、民衆の側のものではない。したがって、人びととはその不正者に対して神の裁きを期待し、第三話の神の出現は、そのあらわれといえる。

では、第一話、第二話はどうなるのか。

やはり現代においては、不正をしても勝てば勝ち得という感じをもたせるものである。しかも、その方法が相手に、さらに第三者にわからないようにすれば、罪の意識に良心がせめられることがないという形にとれる。ここで文部省を先頭とする側のいう、道徳修身論をいうつもりはさらさらない。「悪いことをすれば罰があたりますよ」と、いうつもりはない。第三話は見方を変えれば、こんな言葉もあてはまるような気がするが、いずれにしても修身的な結論を望んでいるのではない。しかも、あきらかに不正をして勝った者が、そのことによって利を得たり、勝者が生活を送り得るという考え方は否定したい。

この点から、この三つの話を私たちが、どう受けとめ、どう現代の子どもに読ませるかは簡単な問題ではない。この点をあいまいにしたまま、直接子どもにこの話を与えることには一つの疑問を感ずる。

まとめ

民話をどう受けとめるか。

口承民話が、時代とともに消失しつつある現在、私たちは何をなすべきことかという問題である。口承民話をできるだけ採集し、これを口承民話という形で次代へとうけつげば問題ではないが、現在の状況から考えた場合、それは特定の個人によってのみなされるものであり、不特定多数の両親にそれを期待することは不可能であろう。

そうすれば、やはり活字化して、伝承する方法が一番手がたいといわなければならない。もっとも、近頃ではテープレコーダーの普及が盛んであるから、それを利用する方法も十分考えられるが、その面での検討は次の機会にまわして、ここでは活字化に伴う問題を考えてみる。

これまでに紹介してきた、「うさぎとくま」「蜘蛛の妖怪」「動物の競走」について、いくつかの問題点をどう考え、再話の中でどう生かしていくかである。

採集された多くの民話を活字化して保存する場合、研究用の民話としての扱いであれば、採集時点の話を忠実に活字化することは、きわめて大切なことであり、なまじ再話者が手を入れたものは、研究資料としての価値を失うものである。

一方、今日に伝わる民話を、現代の子どもにあたえる場合、再話のしかた、再話者の姿勢が大きな問題となる。単に、民話を現代語におきかえて、そのまま与えたり、難解な語句をやさしい言葉になおしたりして与えるだけでは意味がない。民話が、地理的風土から受ける影響は無視できないものであり、さらに、その土地に生活した者のみが知ることができるものであって、言葉のおきかえによって埋められるものではない。

民話を活字化する場合は、こうした地理的風土をはなれて、全国の読者を対象として考える以上、この問題を無視しては、民話の伝承という点で大きな問題を残すことになる。また、古くから伝わっているから、価値があるとする考え方がある。

たしかに、長い年月多くの人びとによって、ささえられてきた民話であれば、それなりの価値がある。その間には多くの伝承者の生きた体験が、常に民話を新しいものに作り変える努力をしてきた。この点を見逃して、古いものだから、価値があるとして、そのまま子どもに与えるのは、生きた民話として伝承することにはならない。

例えば、先にあげた「うさぎとくま」の話にしても、この中から「人間の生きるための闘争」という面は読みとりにくいが、「弱い者いじめ」としての面は簡単にうけとめられる。この民話が「弱い者いじめ」をテーマとしているとは考えられないが、読み手の側が受けるのは、やはり「弱い者いじめ」的な面である。この話をこうした受けとめ方で、子どもが読むとするならば大変なことになる。同じことは「動物の競走」の第一・第二話についてもいえる。このような問題点は、採集された口承民話をできるだけ原形にそって、再話するという方針から生まれている(この傾向は「日本の民話」の他の話にもいえる)。

私たちが民話を受け継ぎ次代へ伝達する場合、その民話の中に、現代の私たちが生活の中から得た多くの体験をもり込むことによって、現代に生きる民話として成立するのである。この作業をしないで再話された民話は、単に古い昔話として話の筋だけが残されることになる。ここに再話者のもつ使命がある。

再話者の責任が問われるのは、民話の活字化と深いつながりがある。口承民話が、今日の時点において活字化されるということは、これまでもっていた民話の流動性をうばい、活字化された時点において、一つの話として固定してしまう。

例えば、平安時代末期に成立したといわれる今昔物語集を見た場合、この物語集にのっている話は、そのままの形で今日まで残っている。この中の話を現代的に再話した場合、あくまでそれは今昔物語集の再話という枠をぬけ出せない。また、活字化された民話が、地理的風土の差を超えて全国に配布されることは、やがて、全国にその話が定着する可能性をもっている（今日一般に知られている桃太郎話などは、明治以後の国策の影響をうけ「日本一の桃太郎」というイメージを固定化させていることなどは、その一つの例である）。

特に各地方独特の口承民話が消失しようとしている現在では、その傾向がきわめて強い。こうした時点において、安易な形で、単に採集された民話だからといって無条件に活字化されたり、話が面白いからとか内容が変っているからというだけで、そのまま子どもに与えることは問題とされるべきである。民話が再話され、活字化されることの責任は重大である。今、刊行されている角川書店版「日本の民話」に対し、ここに述べてきたような問題点・疑問点を問うものである。

（「児童文学評論」六号、一九七三年九月三〇日）

4　児童文学と原爆覚え書

八月が近づいて来た。私たちは何を考えるのだろうか。

戦争を考える場合、単に原爆だけをとり出して語ることは、その一部分を語るにとどまる。ここでは、原爆を児童文学作品の上でどう作家が取り組んだかを中心に考えてみたい。したがって、戦争全般について、特に加害者的立場についての面はあえてふれない。

戦争に対する作品は多くある。しかし、その中で原爆を扱った作品はごく一部に過ぎない。このことは、原爆が戦争のすべてではないことを明らかにしている。が、敢えてここで原爆を取り上げるのは、その破壊の大きさと、現代の戦争の主役的意義を持つからである。また、その被害が日本に限られていることも一つの理由である。

原爆をどう受けとめるか

一九四五年八月六日の広島は快晴であった。午前八時一五分。世界最初の核爆弾が広島に投下された時間である。

――ピカがきて、ドーンと爆発すると、まっかな、でっかい火柱が、空へつっぱしったんじゃ。それで、家も、橋も、銀行も、お城も、新聞社も、みんなもえたんじゃけ。それから、おばけ雲が空になって、くろい雨がふったんじゃ（来栖良夫作「おばけ雲」より）――

この一発の原子爆弾によって、広島は壊滅し、死者約二〇数万人といわれる膨大な人命を一瞬にして失ったのである。

二発目の原爆が投下された八月九日の長崎の空も晴れていた。終戦を目の前にして、一二万余の人命が、またも、浦上の町とともに失われた。この原爆の事実をどう私たちは受けとめるのか。

戦争は終った

しかし、世界の核兵器（アメリカ、ソ連を中心とした）の発達は急速に進み、広島に投下された原爆よりはるかに強大な破壊力をもつ水爆が作られるようになった。

アメリカは、この水爆の実験を太平洋上のビキニ環礁でおこなった。二度まで原爆の被害を直接受けた日本人が、間接的ではあったが、三度目の被害を受けることになった。

一九五四年三月一日、第五福竜丸は、死の灰をかぶり乗組員は全員原爆症を全身に現わしながら帰港したのである（乗組員の一人、久保山愛吉氏は九月二三日死亡）。

こうした世界の動向に対して、無名の人びとの間から原爆に反対する声が高められて来た。このビキニ環礁におけるアメリカの水爆実験を契機にして、同年四月には日本学術会議が、水爆実験中止と原子力兵器の研究拒否を声明し、八月八日には原水爆禁止署名運動全国協議会結成大会が開かれた。

明けて一九五五年八月六日に、初の原水爆禁止世界大会が広島で開かれ、原水爆禁止の運動は民衆の中へ深く浸透した。さらに、翌五六年二月衆参両院においても、原水爆実験禁止決議がなされ、世界で唯一の被爆国として原水爆禁止の態度を国の内外に示した。

しかし、政府の態度は、その後実質的に変化してきた。一九五七年五月には、時の岸首相は「自衛権の範囲内なら核兵器保持も可能」と参議院で答弁している。

一方、原水協も第九回原水禁大会にいたって分裂してしまっている（前年の第八回大会において、「いかなる国の核実験にも反対するか」をめぐって、賛否両論に別れ、ついに第九回大会において分裂という事態になった）。

多くの人びとは、大量殺人兵器としての原水爆の製造と使用を否定することは、政治イデオロギーとか、原水禁運動の指導権の有無とかにかかわりなく、人類の平和と生存につながる問題として考えていた。この運動が政党拡大の一つに数えられるにいたって、多くの人びとの素朴な願いと切りはなれた運動となり、さらに、回を重ねるにしたがって、多くの人びとの間に一つのマンネリ化現象をきたしてきた。

また、毎年おこなわれる広島・長崎の大会も、表面的な華やかさの陰に、被爆者への真の人間的生活権の保障や、その人たちがもつ苦痛の理解という点が忘れられつつあるのではないか。しかも、原爆の実態を、そして戦争そのものをも知らない年齢層が増加している。このことは、戦争と原爆を自分の現在の生活とかかわりのない出来事と考え、過去の被害者を同情の目で見る傾向を生み出している。

私たちは、戦後二八年を経た今日、意識的に作られた太平ムードの中にあって、いかなる形において、この原爆の事実を明らかにし、次の世代へと語り伝えていくかを、今一度考えなおす必要がある。使い捨て時代という大企業の儲け主義に惑わされ、豊富な物質に恵まれ、レジャーで明け暮れる若者たちの頭上に急速に広げられつつある危機をどう受けとめていくか。

今日私たちのまわりには、マスコミの作り出すムード的戦争賛美（テレビ番組等をみればわかると思う）、児童週刊誌の連載による戦争のカッコヨサ、さらには太平洋戦争肯定論の登場など、戦争への足がかりを作る条件は無数に存在する。また、学校教育で使用される社会科教科書からの戦争、原爆記事のしめ出しは、現代の児童に正しい戦争観を持たせることを不可能にしつつある。

二度と許してはならない、軍靴による国民支配の足音が聞えてきそうな今日、児童文学にたずさわる私たちは、その作品を通して、戦争を、そして原爆を、どう扱い何を子どもたちに伝えてきたのか。

児童文学と原爆

私たちが、現代の子どもたちに「原爆とは何か」「原爆の人類に与えたものは何か」を語り伝えることは、単に原爆の恐ろしさだけでなく、原爆を再び地上に投下させないためでもあり、そのことは同時に、平和を維持し、戦争を否定するものでなければならない。

この二八年間に、原爆にかかわる児童文学作品が多く書かれてきた。「子どもの町」同人四人の「つるのとぶ日」、今西祐行「あるハンノキの話」「ヒロシマのうた」、那須田稔「チョウのいる丘」、来栖良夫「おばけ雲」、山下夕美子「二年二組はヒヨコのクラス」、大野允子「海に立つにじ」「ヒロシマの少女」、おおえひで「八月がくるたびに」、松谷みよ子「ふたりのイーダ」、長田新「わたしが小さかったとき」などの創作児童文学作品がある。

また、ノンフィクションでは、長田新「原爆の子―広島の少年少女のうったえ」「わたしが小さかったときに」、峠三吉「原爆詩集」「原子雲の下より」、日高六郎「原水爆とのたたかい」、丸木位里他「ピカドン」「原爆の図」など、広島テレビ放送編「いしぶみ」、木下順二他「日本原爆詩集」など、その一例である。

もちろん、一口に原爆に関する作品といっても、その内容は様々である。また、ノンフィクションの方では、被爆ないしは家族を被爆で失った子どもの作文もある。

那須田稔の「チョウのいる丘」は、主人公の小百合に白血病が発生し、その闘病生活を通して知りあう、多くの新しい仲間たちとの交流を、そしてその死を書いており、原爆文学とはいっても、直接原爆の被害が描かれている作品ではない。原爆が人びとにもたらす被害は、単に直接受けただけにとどまらず、被爆二世といわれる人たちにまで、その被害はおよんでいるということである。

さらに、幼児期に被爆地付近にいた人においては、その不安が決定的ともいえる状態をしめしている。ただし、この作品は原爆病の追究に重点がおかれているのでなく、原爆病になった少女が最後まで明るく生きていく姿を少女小説風に書いた作品である。

来栖良夫の「おばけ雲」は、両親を戦争で失った鉄と小鉄こと洋二兄弟の終戦直前の日々の生活を中心に書かれている。彼らを中心に作られている赤城班のメンバーの生活を通して、当時の児童のおかれていた状態を明らかにして、戦争は何を子どもにもたらしたかを追求している。

呉に住む彼らは、広島の焼けあとに何を見たのか。それは焼け野原の中に横たわる死体。作者は、まえがきにおいて「一九四五年八月、そのころ、なにがおこったのでしょうか。日本の子どもや、おとなたちは、なにをしていたのでしょうか」と読者に問いかけている。
日本の一地点に生きた子どもの生活の実態と、その目を通して見た広島の被害。原爆そのものズバリでなく、被爆地以外の地点から広島を見ることによって、日本人の多くが感じたであろう実態をテーマにして書かれている。

八月六日の朝、爆心地より三千メートルあまり離れた町の自宅から、市の中心部に向って外出する直前原爆を受け、硝子の破片創と数ヵ月の原爆症だけで生き残った。[注1] 峠三吉は「原爆の詩編纂委員会」に参加し、「日本平和憲法の行方さえ案ぜられるとき……原爆の真の姿を訴え……平和のために役立てる」という趣旨によって、多くの詩を公募したのである。[注2] こうして作られたのが、詩集「原子雲の下より」である。

ピカドン　　　（小学三年　金本湯水子）

ピカッ
ドン
雨がざあざあふって来た
おかあさんはわたしをおんぶして
山の方へどんどんにげた
しばらくして

うちへ帰った時
家の前を通る人はみんな
おばけのようだった
水　水と言って来る
お母さんはみんなにのませた。

（小学六年　水川スミエ）

やけあとで
目の見えなくなった母親が
死んでいる子供をだいて
見えない目に
一ぱい涙をためて泣いていた
おさないころ
母に手をひかれてみたこの光景が
あの時のおそろしさとともに
頭からはなれない

（同詩集より）

ここにのせられている詩は、紹介した二編を含め小学生から大人にいたるまでの年齢にわたっている。

七年という年月の過ぎ去った後に、詩人でもない人びとが書き残した一片の詩は、生活の中から生まれた原爆に対する消しがたい声であろう。

しかし、ここに書かれた詩が被爆者の代表の声ではない。参加できなかった人びとの中には、詩にはならない深い傷が心をしめつけているはずである。文学的な評価は別として、原爆を、そして、その被害を直接体験した人びとの貴重な声として評価される仕事である。

全国に何らかの形で、戦争の被害を受けた人は何百万、何千万の人がいる。しかし、原爆の実態を直接目撃した人の数は何十万人かであろう。その人びとも、二八年たつ今日、次第に数を減らしている。原爆被害の証人たちが減少していく状態にあって、私たちは原爆の実態を明らかにし、次代へ引継ぐ必要に迫られている。

八月がくるたびに、原水爆禁止運動が、広島、長崎へ平和行進がある。しかし、八月がくるたびに、今年もまた運動の、そして行進の日が来たのかと感ずるようになったのは、年月のもつ風化作用によるものであろうか。そうだとしたら、なおさら私たちは、生き残った原爆証人の存在するうちに、なすべき仕事をしなければならない。死者が黙して語らない以上、生き残った者、そして私たちが、何をなすべきかは明白である。

八月がくるたびに

私たちは八月がくるたびに、戦争を考え、原爆に思いをあらたにする。しかし、年月はその記憶を風化させ、戦争を単なる思い出話に変えないとはいえない。

戦争への怒りを風化させ、思い出の中に埋めこむものは単に年月によるだけではない。一つの政策として、それを押し進めようとする傾向があることを否定することはできない。

おおえひでの作品「八月がくるたびに」は、長崎における原爆の被害と、その後の白血病の発生および今日の原水禁運動のもつ課題を明らかにしようとするものである。

浦上の町に住むきぬえは、被爆当時五歳であった。家の庭で遊んでいて原爆にあい、爆心地とは反対側の川に飛ばされたことで、最小の傷で助かった。おじいさんと兄のきよしは山のイモ畑にいて原爆を見る。

――はいいろの雲が、むくむくとひろがって、うらかみの町じゅうをおおっています。雲の下のくらいそこから、火が、あっちでも、こっちでも、もえあがっています――

この光景を見た二人は、山をくだり家へ走った。途中町から坂をのぼってくる被爆者を見た、女の人らしいけど何かひきずりながら、いまにもたおれそうに、よろよろしています。二人は夢中で走った。しかし、おかあさんは、家の下敷になり生きながら家とともに焼かれたのである――

作者はここまで原爆投下後の被害を追ってきているが、きよしが夜の山道を西山のおばさんの家へ走るのを追って、爆心地から目をそらしている。このために、この作品が原爆の被害を、適確に見つめ、その被害の実態を明確に再現する過程を通して、鋭く原爆を告発するという方向へ十分展開できなかった弱さを残す。

原爆の被害を受けた一少女を中心に、その家族の生き方を通して原爆を、そして今日の原水禁運動、および被爆者のおかれている立場と作品を展開させている。そのことによって、現在に直結するものとしての原爆を読者に語りかける。が、その作者の目が、きよしを西山の家へ走らせたために、爆心地とは反対の方向に転じられてしまった。原爆の実態が、単に作品の課題に対する説明の手段になってしまった。今、ここで作品の目が爆心地の方向へむかったならば、原爆の実態が、そして浦上で死んだ人の実態がより明確に浮きぼりにされたのではないだろうか。

もちろん、この作品は、原爆そのものに焦点をあて、その実態を追求し、告発する面に重点がおかれているのではない。表題が示す通り、八月がくるたびに考えさせられる原爆と平和の問題に、私たちがどうとりくむかを課題としている。

傷を受けたきぬえの西山での病院生活、おじいさんときよしの焼けあとでの活動、父親の帰国、進駐軍を取りまく敗戦国民の姿。これらは、全国の戦災を受けた都市のいたるところで見られる光景である。これは、単に長崎だけにかぎったことではない。むしろ、広島の方が被害が大きかっただけ、強烈なものがあったとも考えられる。

編集部の書かれた「解説にかえて」において、次のように記している。

――作者は、この作品を、あくまで文学作品としてお書きになったのです。ですから、この作品の主題だけをとりだして「原爆問題」の側面だけを強調することは、作者にとって、ずいぶんごめいわくなこと――

といわれる。しかし、この作品が文学作品であるとか否かにかかわらず、作者自身が原爆の中心に向かってより強力な批判の目をむける必要がある。もちろん、それは被爆のもつむごたらしさを強調することではないし、そのものを生のまま文章化することではない。しかし、作者の目が、単にきぬえの生き方の方に集中してしまったことは、主題といわれる原爆の追求が、それだけ弱められたということである。

何の前ぶれもなく、炸裂した原爆は、

――五万度にもなるという、ゲンバクのあつい光と、爆風は、ほんの一秒ほどのみじかい時間だといわれます。だから、にげだすことも、かくれることもできない、ということなのでしょう――

しかも、無傷の者の体内を通った光は、白血病を残して消えたのである。元気だったおじいさんも、次の年の八月に白血病で死に、きよしも一冊のノートを残して死んでいくのである。

八月がくるたびに、反戦が叫ばれ原水爆に対する反対運動がもりあがる。しかし、原爆の被害を受けた者、戦争の被害を受けた者の苦しみはぬぐわれない。

この苦しみは、語り得ない苦痛であろう。それにもまして、死者の苦しみは、私たちの想像を超えたものといえる。では血を流し、生命を失うことによって得られた原爆の体験を真に語り得る証人は誰であるのか。

――「ほんと、ほんと、へいわ公園のらいひんせきは、いつでもつくるけど、あの子たちは、なかなか、きてくれはせんのよ」

ゲンバクの小さな証人たちをのせた白い船は、いつのまにか、青空のとおくにみえなくなってしまいました――

まさに、死者であり、同時にその場に生き残った者こそ、真の原爆の証人である。八月がくるたびに、平和公園の平和像の前で祈念式がなされ、デモが、平和行進が、この大会の会場へと行進する。しかし、その参加者の大部分が、原爆の実態を知らない。また、戦争そのものを知らない者も多い。

こうした参加者の中の女子学生が、芝生に飛びこんで平和像のまねをする光景を見て、きぬえはいう。

――「でも、おばさん。うちね、どこか外国の、しらないことばをきくことがある」

「なにをいうの、日本の若い人たちにきまっとる。きぬえちゃんぐらいの年ごろの」

「ちがうぜんぜんちがう」

「ううん、ちがうのはね、うらかみにおらなかったから、ゲンバクをうけなかったし、しっておらんこと」――

この会話を、私たちはどう受けとめるか。原水禁運動に参加し、平和行進に汗を流す人びとの努力は貴重なものである。しかし、この会話は何を意味するのか。

原爆のために、母を、そしておじいさんと兄を失い、みずからは首と左手にケロイドを残して生きてきた、このきぬえの口から出たこの言葉「ちがう。ぜんぜんちがう」。この言葉は、単に被爆者の被害者意識によるものであろうか。そういう言葉によって、解決できる問題ではない。やはり、そこには何か、相通じないものがある。お互いの立場を十分理解しあえないものがある。

浦上の大通りは、大会へ向うデモの人でごったがえしていた。その時、きぬえの見たものは何か。

――山の手のほうから、ふしぎなぎょうれつがすすんできたのでした。

それは、目もまばゆい、まっ白なぎょうれつです。子どもたちばかり――

きぬえにしか見ることのできない、原爆の証人の行進である。毎年まっていた真の証人の行進を見た者は、被爆者のきぬえだけである。このことは、作者による今日の原水禁運動の一つの側面を強烈に批判したものである。その批判の根底にあるものは、自分は原爆の体験者であり、運動に参加している者には理解できない人生を生きてきた。その事実をぬきにして、真の原爆否定はでき得ないという被害者側の心情であろう。この心情を理論に高める努力を被爆者の側からも、強力におしすすめることも必要であり、その力が原水爆運動の飛躍的発展をもたらすものといえる。

今さら過去の苦い経験を思い出して、他人に、しかも、戦争も原爆もまったく知らない者に語ることは、耐えられない苦痛であろう。だが、その苦痛を個人の心底におし込めておくだけでは、平和を保持する力とはならないであろう。一人だけが苦しめば解決できる問題ではない。生きた被爆者の社会におかれる地位を、正当なものとされるためにも、その苦痛をのりこえる必要があろう。

那須正幹氏はこの作品について、次のようにいわれる

——最後の方で新しい子どもがつぎつぎ集ってきて、ファンタジーというか、ちょっと甘いけれど、あの姿勢というのは、或る意味で児童文学の一つの姿勢だと思いますね。つぎつぎどんどん生れかわり、生きかえりして、伝えていかなくちゃいけないという一つの姿勢としては現段階では、ああいう形しかないのかなぁ…（日本児童文学・七二年一月号）——

最後に白い子どもの行進を登場させてくるあたり、作品を暗いものとしないための作者の苦心と考えられるが、那須氏のいわれるように、やはり甘さとして残る。だがここで提起されている「次代へ伝達するための方法として」何があり、私たちは何をすべきかが今日の課題であろう。

原爆をどう伝えるか

原爆にかかわる作品は、先に紹介した以外にもまだ沢山書かれている。同人誌「子どもの町」の同人を中心に、広島に住む作家たちの活躍は目ざましいものがある。おおえひでにしても、「八月がくるたびに」以外に「南の風の物語」などがある。

このように多くの原爆作品が書かれているにしても、その多くが、原爆を一つの素材として書いている。したがって、原爆そのものに目を向け、目をそらさないで、その実態を見きわめ、追求する積極さにやや欠ける傾向がある。

那須氏はこのことについて、次のようにいわれる。

——原爆をテーマにしているか、素材にしているかと考えると、今のところ原爆をテーマにしている作品はないような気がするんです。それをもっと考えて作る必要があるんじゃないかと思うんです（日本児童文学　七二年一月号）——

原爆を一つの素材として作品に書くならば、広島・長崎に住む作家でなくとも可能である。たとえば、今西祐行の場合、たまたま広島に原爆が投下された時、呉にいて被爆直後の広島を見たという条件を持ってはいるが、広島に住む作家ではない。その彼が、作品「あるハンノキの話」を書いている。また、来栖良夫にしても、原爆の直接の経験をもたないが、やはり作品「おばけ雲」を書いている。

したがって、広島に生まれ、広島に生きた作家が、原爆問題を書く場合には、広島という地理的風土から生まれるものとしての作品を期待する。

作品集「つるのとぶ日」のあと書きを見ると、「…わたしたちは、りくつをいわない、だまって、ただ書きました。……あのことを子どもたちにも、やっぱり知っておいてもらいたかったのです。あのことをとおして、わたしたちの願いを、きいてほしかったのです……」といわれる。

戦争も原爆も知らない子どもたちに、残してやるものとして、知っていてほしいものとしての作者の心の底にある原爆に対する怒りや苦しみを作品化したという。

そこには、書かずにはおれなかった何かが存在する。その「何か」をいかに書いたのかが問題である。

大野允子の「川のほとり」は、親なし子の少女がドームの窓から外をみていて、一瞬にしてドームともに消失したというのである。

——少女のたましいは、さけぶのでした〈……なんにもわるいことなんかしなかったわ。どうしてなのよ〉。……〈わたしは死にたくなかったのに……〉空のうなりは、泣いていました——

ここにあるのは、原爆のもつ恐ろしさより、死にたくなかったかわいそうな少女に対する同情が先に立つ。また、宮本泰子の「びんの中のお茶」の場合、ガラスびんの中にとじこめられた一粒のもみが、生きていながら、忘れられた悲しみとして書かれている。二編とも、原爆がもたらした結果を、一つの素材を通して簡潔に書きあげているが、やはり、共通するものは「かわいそうだね」という同情心であろう。

作品の背景には、作者の「原爆を何とか伝え残したい」という気持があふれてはいるが、それが読者に直に伝わってこない。原爆さえ投下されなかったら、この少女も、いねも、生きられたのにという方向に作品を進めることは「死んだ子の年をかぞえる」に通ずる感傷がある。肉親を、そして多くの友を、戦争で失った者は、戦争を語らない。

広島の被爆者も、長崎の被爆者も、原爆を語らない。語らないからこそ、そこに生きる作家が、彼らの心底に今なお傷口を残している、原爆を語り伝えることが必要である。原爆の破壊や死者の死に方を、文学作品として書くことは難しい。むしろ、当時の写真や正確な記録を公開した方が、その悲惨さは生のまま表現される。

それにもかかわらず、原爆を文学作品として追い続けるのは、人間の生きるということのかかわりにおいて原爆をとらえるためである。人間の生きる権利を簡単に消失するものとしての戦争を、そして、それをおし進めた国家権力と支配者の責任を、その行為を許してしまった民衆の国家に対するあり方の問題として、この原爆をつかまえる必要がある。

先にあげた「つるのとぶ日」の始めの七編は、いずれも原爆の日のことを中心に書かれている。死んだ者の代弁として、また、公式記録にのらない生き残った人びとの姿を伝えている。しかし、問題は、原爆および原爆の被害そのものを、他のものから切りはなして書くことの是非である。

原爆を書くという時、ともすれば、戦争とのかかわりをぬきにして、原爆のみを作品化する傾向がみられる。しかし、あくまで戦争の一環として原爆をとらえなければ、先にもいったように「原爆さえ投下されなかったら」という結果に結びつく可能性が強い。

このことは、白血病に対する場合でも、原水禁運動に対する場合でも同じことである。特に、白血病に対する一般社会の認識はきわめて乏しい。乏しいだけでなく中には一種の偏見をもって見ている場合がある。もちろん、中には同情の気持ちでこれを見る人もいる。しかし、より多くの人びとは自分とのかかわりの外でこれを見ている。

この見方が危険であることはいうまでもない。今日の人びとは、原爆は広島・長崎で終わったのでなく、そこから始まったということを忘れてしまっているのではないか。そして、三度原水爆が投下されないという保証は、どこにもない。にもかかわらず、そのことまで忘れてしまって、太平ムードに舞っているのが実態であろう。

原水爆の投下は、それだけが他と切りはなされてなされるものでなく、戦争の一部としてなされたのである以上（もっとも、これからの全面戦争はその投下だけで結着がつく可能性が十分あるのだが）、私たちは、あくまで戦争の中で、また歴史の流れの中でこれらをとらえる以外にない。このことをぬきにして、原爆を語るならば、やはり過去の悲惨な出来事としてしか語り得ない。戦争を知らない子どもたちに、ぜひ戦争を知らせておきたいという気持ちは、生き残った人たちの心からの声であろう。

那須氏は、

――たしかにあの時点では被害者であったけれど、これからわれわれが戦争を知らない子に対しては、果して被害者なのかどうか、あれを語らないで黙って自己の内なるものとしてもって死んでしまえば、それはやっぱり加害者になるんじゃないだろうか。（前同）――

たしかにその通りである。私たちが戦争を知らない世代へ語り継ぐ責任といったものを、作品の上でどうはたして行くかの問題である。この場合、先にもいったように、原爆だけを切りはなして作品化することは一つの限界があろう。また「木を見て森を見ず」になるおそれがある。さらに、被害者としての側だけの追求でなく、原爆の加害者への責任追及の面をもっと掘りおこす必要がある。

多くの戦争作品を見た場合、日本が常に中心であり、中国を始めとして多くの国々に対する加害者としての立場は、いくらか書かれるようになった。しかし、原爆の加害者に対する人間としての追及はまだ作品化されていない。
日本という立場だけにとどまらず、世界史的な立場からこの原爆を、そして戦争を解明する仕事もするべきであろう。そのことは、原爆の被害者としての日本が、中国をはじめ他の国になした加害者的行為を含めて、戦争責任をより明確にすることとなる。

（「中部児童文学」二六号、一九七三年八月）

注1　原爆詩集あとがき（青木文庫）
注2　原子雲の下よりまえがき（青木文庫）

5　作品にみる戦争観——長崎源之助の場合

この小論でこころみたものは、長崎源之助氏の作品全般にわたる分析ではない。長崎源之助の作品に見られる戦争についてである。したがって、戦争が色濃く表現されている作品で比較的よく読者に知られている四冊（「あほうの星」「ヒョコタンの山羊」「ゲンのいた谷」「焼けあとの白鳥」）に限っての戦争分析である。作家が戦争をどうとらえ、表現したかを考えようとするものである。

長崎源之助と戦争

昭和という時代は、二〇年をさかいとして大きく前後に二分される時代である。前半は、戦争への道を真っすぐにつき進んだ時代であり、後半は戦後の混乱と高度経済成長の時代である。この昭和前半期に生きた人びとは、たとえ戦場へかり出されなかったとしても、また、直接空襲によって家を焼かれたり、肉親を失ったりしなかったとしても、やはり、何らかの形において戦争の被害者であったといえる。

長崎源之助は一九二四（大正一三）年の生まれである。したがって、長崎源之助は昭和の時代と共に成長した。日本が戦争への歩みを強めていく中で、青春を迎えた俗にいう戦中派の一人である。この戦中派の一つの特色は、彼らが自己の人生観を創り出そうとした時に、国内のすべてが戦争一色に塗りつぶされていたということである。したがって、戦争・軍隊及び国内のすべての面にわたる権力の統制というものを抜きにして、自己の人生を考えることができない状態におかれていた。

長崎源之助の場合も同様である。彼が、旧制浅野綜合中学校へ入学した一九三七年は、日支事変の始まった年である。数え齢の一四歳といえば、そろそろ人生について将来を考える年頃である。この時、すでに戦争は開始されていたということは、長崎源之助の人生観に戦争そのものが大きな影をおとしていたといえる。

「日本児童文学」一九七〇年三月号の略歴によれば、長崎源之助は中学校五年の時、病気で学校を一年休学し、その後復校したものの軍事教練に耐えきれず卒業半年前に退学をよぎなくさせられている。今日においても、学歴は無視できない重みをもっているが、戦前はこの傾向がより強かった。それが軍事教練のために、中学校卒業をあと半年で迎えながら退学せざるを得なかったことは、それまでの長崎源之助の努力が、まったく社会的に認められないものとなってしまった。単なる戦争被害というだけでなく、戦争がもたらした学校教育における軍事教練の強化が、長崎源之助の人生を狂わせる一つの原因となっているといえる。

戦争が人びとの生命を奪い、家を焼き、文明を破壊する一面は見つめても、一人の人間の社会進出のルートがそのためにねじ曲げられてしまった一面を、私たちは見落としがちである。中学五年間という貴重な努力が、水泡に帰せられてしまった長崎源之助にとって、戦争は個人の内面に深くくい込んだ大きな影である。それはぬぐってもぬぐいきれない深いしみとなって今日まで影響している。

長崎源之助が第二乙種合格となり入営し、北支へ送られたのは一九四四年一二月であり、翌四五年八月に現地で敗戦を迎えている。したがって、軍隊生活は九ヵ月程度のことであり、直接敵と銃をかまえ、殺し合う経験はなかったであろう。だが、そのなかで彼が見た大日本帝国陸軍の実態は何であったのか。

それは、彼の人生をひんまげ、一生ぬぐいきれないしみを植えつけた張本人の日本陸軍のもつ非人間的な一面であった。雪の中を強行軍して、現地から焼け野原の日本へ辿りついた長崎源之助にいわせれば、「自分は何を考えるにしても、何を書くにしても戦争というものをぬきにしてはできない」という。戦後二八年もたつ今日、なお長崎源之助自身の言動の根底には、この戦争の影響が大きく横たわっている。

長崎源之助の戦争観は、一個人としてその人生を狂わせてしまったもの、個人のもつ人間性を消失させてしまったもの、としての戦争観である。したがって、平和な日がつくられたとしても、なお許しがたいものとして、その個人が存在する限りにおいて追及せざるを得ないものである。

長崎源之助の作品は、自分の受けた傷の痛みを通して、戦争の持つ一面を現代の子どもに伝え残さずにはおれない、という心の動きと、戦争に対する怒りとを基盤に作られている。

作品分析

①「あほうの星」

八つぁん・ハエ・鳩の笛の三編からなるこの作品集のまえがきで作者は、「三つとも、戦場の中での、無力な人間の生き方を描いてみました。これらのあほうたちをあなたは、どう思いますか」と、問いかけている。この場合、戦場といっても敵と向きあい、殺しあっている戦場ではない。敵らしい敵の姿は、ほとんど見られない北支に送られた部隊の中に生きた人びとに焦点があてられている。

どんな組織においても、その組織を維持するために一定の規範が作られている。そして、その規範を守ることによって、組織の一員としての存在が認められる。したがって、その規範の枠を外れる者は、本人の意志にかかわりなく組織の中からはじきだされる。また、その組織に参加するか否かは本人の選択による。しかし、軍隊という組織は、自分の都合で参加したりやめたりできるものではない（ただし、志願兵の場合、参加するのは自己の意志によるものとみなされていた）。

国家の都合で、天皇の名を使うことによって、本人の意志や能力と関係なく参加を強制されるものである。さらに、この組織は個人の自由がほとんど認められないものであり、上意下達の一方的命令によって、すべての行動が規定される組織である。命令の実行にいささかでもおくれを見せれば、たちどころに暴力的制裁でもって運営されている組織である。

このような体系を持ち、四六時中命令の中で、機械的に人間が行動させられている組織である。この中で生きる人びとは、いち早く一般社会の習慣を捨て、その環境に慣れることによって一人前の兵隊と認められる。だが、この作品に登場する人びとは、いささかその例にはずれている。

「八つぁん」

学校の成績も中よりはいくらかよかったし、旋盤工としての腕だっていい方であった私は、陸軍二等兵の軍服をきた時に、点呼の番号「八番」が上手にいえなかった。そのために、みんなから「八つぁん」という仇名がつけられた。それも軽蔑の意味をこめてである。

日本の軍隊は、規則一点張りであり、その通りにおこなえないものは、上官からビンタをくらい、仲間からは軽蔑の目でみられることが多かった。八つぁんもその一人である。

ところが、八つぁんの属する班長は、何かというと村の火の見番をしている八つぁんの失敗談をすぐ話すのである。その話を初めのうちは、嫌な気持ちで聞いていた八つぁんだが、次第に話の中の八つぁんに愛着をおぼえるようになり、まだ見ぬ彼と心の中で交友を暖めるようになってしまった。戦友からも軽蔑されてしまった八つぁんは、いつの時も心の中の火の見番の八つぁんにささえられて生きていた。

人間は大勢の集団の中に生きているにもかかわらず、ともすると孤独の状態の中に一人おきざりにされることがある。その場合、心の支えとなるものがない者は、救われがたい心境に追いこまれる。特に、苦しい状態に追い込まれた場合、自分をはげましてくれる、また、安心して自分をたくせる心の支えが必要である。この支えを持たない人間は、知らず知らずのうちに落伍し、生きる気力さえも失うものである。しかし、八つぁんは心の支えに、火の見番の八つぁんを得たことによって生きる支えとなし、生きることに真剣になった。

やがて、戦争が終わり、国へ帰る途中で班長は匪賊のために死ぬ。八つぁんは、その班長の形見を持って班長の故郷にたどり着く。そこで見たのは班長のおやじさんである火の見番の八つぁんの姿であった。

軍隊という特殊な環境に入れられた人間が、その環境のもつ規則に適応しなければ、馬鹿にされ、一人前の人間として認められない。たとえ、それが不合理な規則であったとしてもである。したがって、その中に入った多くの人びとは、すべてのものを捨ててその組織に適応するよう懸命に動く。そして、いち早くその環境に適応した者が優秀な人間と認められる。しかし、そのことによって、人間の価値が決定されるものではない。だが、多くの人びとはそれによって、すべての人の価値を決め、人間をたての順列の中にあてはめようとする。

一体、人間の生き方、人間の価値というものは、環境に対する順応性によって決められるものであろうか。そうではない。しかし、現実には、その傾向がきわめて強い。また、軍隊における上意下達の体形は、それを基盤にもっていた。ここに軍隊のもつ非人間的な要素の一因がある。八つぁんは、この基準で推しはかられたために、馬鹿にされ軍隊組織の中において半人前としてしか認められなかった。

だが、八つぁんは決して怠けていたのではない。また、なげやり的な態度でふてくさっていたのでもない。彼は彼なりに一生懸命であった。しかし、彼が一生懸命にやればやるほど、他の人の目にはその行為が滑稽に見えたのである。

それはなぜか。軍隊という特殊な環境の中で要求される人間の行為は画一的なものであり、その規定にあてはまらなければ、すべてが否定されるためである。そこには、人間らしい暖かさは存在しない。一人ひとりが兵隊という一つの個になり切って、はじめて存在が可能となる。八つぁんは、それになり切れなかっただけである。火の見番の小屋で一夜を過ごした八つぁんは、軍隊で押しつけられた「八つぁん」のからを脱ぎすてて、自分の故郷に帰る。

人間の一生の一時期を馬鹿扱いされてしまった人間の、人生とはいったい何であるのか。戦争という名のもとに、一方的に一つの生き方を強いられた八つぁんの人生とは何であったのか。じっと耐えることによってのみ、許される生が存在するだけであり、そこにはもはや人間としての主体性はない。この主体性を失うことは、人間として馬鹿になってしまうことを意味する。このもっとも非人間的な組織が、一人ひとりの人間に与えた暗い影は、人間の一生を大きく曲げてしまうものだ。

作者は、馬鹿扱いをされてきた八つぁんの中に、人間的な生き方を見い出そうとしたのである。しかし、その中から見い出される生き方は、きわめて消極的なものであり、真実の馬鹿へ転落する直前の生き方でしかないであろう。幸いにして、火の見番の八つぁんを心の支えにし得たから、八つぁんは戦後再び新しい人生を歩み得たのであるが、それを持たない者にとっては、空白の人生でしかなかったのである。

「ハエ」

小川二等兵と間山二等兵は同期兵である。大きな図体に似あわず、よく働く、人が好くて仲間からいつもからかわれている間山。彼は日本が必ず勝つと信じ、与えられる仕事にもくもくと努力している男である。一方、敗戦は確実だと考えている男、戦争も訓練も馬鹿らしい、世の中は不平と不満でいっぱいだという態度の小川。

この二人は、小川が間山の手紙を代筆してやったことから急に親しくなる。その小川は敗戦の夜、ハエの死骸を探しに出て味方不寝番のために撃たれて死ぬ。

北支に送られてからの毎日、敵と戦うのでもなく、生きる希望を得られない軍隊生活の中にあって、常に批判的な目で間山の行動を見ていた小川であった。自分の不注意から、彼の唯一の望みすら消してしまっては、と思って敢えてハエの死骸探しに出かけたのである。いつまでも、軍隊という組織に馴じまず、常に批判的であり積極的な態度をとらなかった小川、人間らしい感情にかられて自ら積極的に行動した唯一のものが、このハエの死骸探しであった。

では、なぜ彼がそうした行動に出たのか。いつも間山の行動を批判していた彼であるが、間山のハエ取りにかけるひたむきな夢（それは、中国のショウハイを喜ばせようとするものであり、同時に故郷の妹によせる夢）を、自分のために消してしまうことに対して、耐えられなかった人間的良心のなした行為である。

敵と撃ち合うこともなく、先の明確な目標も知らされていない軍隊の中にあって、いつも自分の規範で行動していた人間が、じかに、より人間的な心理にかられて行動したために味方の弾に撃たれて死ななければならない。それは一体何を意味しているのか。そこには、上から下への命令と、動かし得ない非情な規則に埋めつくされた人間集団としての軍隊の実体がある。

軍隊という組織の中にあって、より人間的に生きようとするには、おのれをころして馬鹿になる以外方法がないだろうか。決められた枠の中で、与えられた命令に不満も持たない。もくもくと努力し、まわりの人間に対しても親切で、骨おしみなく手助けすることは、馬鹿になる以外に実行できない。とするならば、軍隊のもつ実体というものは、おのずから明らかになる。

小川が、間山をかわいそうな奴だと考えたことが、はからずも人間的な親しみを間山に感じ、そのことが小川を死に追いやった。この小川は、馬鹿になりきれず組織のもつ枠の外に足をふみだすことによって、はじめて自己のなかに存在する人間らしい考え方による行動をなした。だが、そのために規則の枠をふみ越えたのであり、そこにまっていたのは、死そのものでしかなかった。

権力につながる組織の末端において、強制的に嵌めこまれた枠を乗り越えず、その中で人間的に生きることが、いかに難しいかである。しかし、たかがハエのために命を落とさなければならなかった人間が存在していた、と考えて見るとなんと馬鹿な話であろうか。こんなあほうな死にかたをした者は、小川二等兵一人だけだろうか。

南の島で、中国大陸で、戦死した兵隊の中には、食糧不足で死んだ者、マラリヤでたおれた者もいる。降服すれば助かる命を自らの手で断っていった者、最後まで無駄な抵抗を続けて終わった者の数も膨大なものである。こうした人びとを死に追いやったものに対する怒りを私たちが失うことは、再び権力者をして、人びとを戦争への道へとかりたてる条件を許すことにつながる。

ハエにキリキリ舞いさせられた人間と、そのハエのために、敗戦の夜、命を失った人間。この両者のちがいは何か。

前者は、かせられた枠の中で懸命に真剣に行動することによって、自分が立派になろうと思いながら結果において、権力によっておどらされていたおろかな人間と見ることが出来る。しかし、後者の場合、間山に対して人間的心情をもったことが原因で死ぬのだが、なぜ彼は死に追い込まれたのか。それは、小川が間山に対して報いたいと思った動機が、やがて不正行為（ハエ取り競争では死んだハエを拾ってくるのはルール違反である）に結びつく結果となったためである。

長崎源之助は、この小川の不正行為を否定したかったであろう。戦争という否定される条件の中にあっても、なおその中での不正行為を否定せざるを得なかった作者の倫理観である。しかし、そこに見られる倫理観はあまりにも原則的すぎはしないのか。

そのために、彼はもっとも馬鹿な死に方をした男として結論づけられてしまったのであり、彼の行為の動機までもが否定されてしまう。ここに、作者の潔癖性と同時に、融通性のなさが見られる。このことは次の作品にもいえる。

「鳩の笛」

上田二等兵は、軍隊に入った時から何としても自分だけは死なずに、また、苦しい目にもあわずに生きて帰りたいと考えていた。そこで思いついた方法が、相手にこいつは役に立たない人間だ、と思いこませることによって員数外にされる。何をやっても、わざとへまをし、しかもわざとらしく見えないように苦心をした。さらに、彼は自らを道化師的な存在にすることによって、上官の機嫌をとることも忘れなかった。

こうした彼の努力は漸く効果を出しはじめてきたのを幸いに、次に考えたことは金を貯めることであった。「金さえあれば何とでもなる」というのが、彼の生き方でもあった。貧しい農家に育った彼は、金の力を人一倍信じていた。

どんな時でも、彼はわざと呆けたり、失敗して、常に自分を安全なところへ、有利なところへと押しあげていた。そして、他の多くの人びとも彼を本当の馬鹿だと思って咎めなかった。しかし、一人宮田上等兵だけは、いつも彼を監視しており、敗戦後にこれを見破る。彼も八路軍との交戦中に味方に撃たれて死ぬ。ついに上田の偽馬鹿は誰にも知られることはなかった。

また、彼は役立たずとされていたので、炊事班にまわされたのを幸いに、食糧をごまかしては、金に変えていた。人間は自分より相手が馬鹿だと思いこむと、その馬鹿のする行為に対して、ほとんど関心を向けない。時には、からかい、慰めの材料とはしても、その人間の小さな行為に対してはいつも見過してしまう。

彼は巧みに、これを利用し、帰国の計算を十分立てていた。何ごとに対しても、冷静に計算し、その計算にもとづいて徹底して行動するならば失敗はほとんどない。むしろ、計画の途中で疑問を持ったり、生活態度を変えることによって失敗してしまう。

しかし、人をだましても自分だけは楽をしたい、安全でいたい、という考え方は、人間として誰しもがもつ感情である。作者は、軍隊という非人間的組織に対しては鋭く批判し、その組織のもつ強制力が一人ひとりの運命をもねじ曲げてしまうものであることを十分知っている。その上でなお、その中に生きる人びとをだまして、一人だけ助かろうとした人間を許せなかった。

人間誰しも、殺されることは耐えがたい苦痛である。また、人を殺すことは許せない悪業と考えている。しかし、軍隊はその悪業を平然となすところであり、敵という名を付けることによって人殺しを公然とする。まして、組織の中に生きる兵隊の生きる権利など、認められるところではない。

国家権力によって、強制的に入営させられた上田二等兵自身、戦争の犠牲者であり生きて故郷へ帰りたいばかりに、どれだけ彼が苦心し、自分を殺してまで馬鹿な行為を重ねてきたかを作者は十分知っている。それにもかかわらず、最後に彼を許さなかったのは、作者の人間的良心からの行為であろう。

いよいよ帰国する。途中長い道中を行軍する戦友を見たとき、上田の心の中には自分の計画が十分功を奏したという満足感でいっぱいになっていた。この心のゆるみをとらえ、天は彼の上に雪を降り積もらせた。

何のために、長い間馬鹿のふりをし、人に笑われてきたのか。生きて帰りたい、というそのためであったにもかかわらず、それを許されなかった。人間らしく生きるということと、どんな手段を使っても、生きていさえすればいいということのちがいを明確に見せている。

しかし、課せられた運命に対し、何としてでも生きぬこうとする人間の生に対する執念を認める一面があってもいいではないか。いささか道徳的に完成されすぎる気がする。

②「ヒョコタンの山羊」

昭和一〇年代という時代は、戦争へまっすぐに通じていた時代である。この時代の嵐は、いやおうなく全国の隅々にまで吹き荒れ、すべてのものを巻き込んで戦争への道を真っすぐに速度をあげて突き進んだ時代である。ヒョコタンことヒコタの住む横浜の清水谷も、その例外ではなかった。

この作品は、ゲンの作文による清水谷、通称ブタ谷の紹介から始まる。屠殺場を中心に、沢山のブタ小屋が建ち並び、そのそばには大きな原っぱがあり、その端にブタ池と呼ばれる池がある。この清水谷は、他の人から何といわれようともガキ大将のコウを筆頭に、カメちゃん、ゲンちゃん、チャコちゃんやヒョコタンたちにとっては、ここが現実の生活の場である。そしてあそびの天国でもある。

しかし、人びとはこの清水谷に住む人を卑しいものとして見さげている。一体何がそうさせているのか。

私たちの中には、職業によって人間の価値を決めるという考え方がまだまだ残っている。現実において、外見的に見ばえのする職業をしている人は、偉い人であり、人の嫌がる職業をしている人は、それ故に人間としても卑下されている。

屠殺場に働く人びと、ブタや牛を飼っている人びとであるために、清水谷の人びとは他の地域の人びとからさげすまれている。また、朝鮮人という理由だけで、より一段と低く見なされているキンサンこそ金山さん。ここに住む人びとは、貧しさゆえに不当に差別されているのである。

キンサンの両親は、好き好んで日本へ来たのではない。日本の国策によって朝鮮半島の人びとは、不当に土地を奪われ、財産を失い、やむなく日本に流れてきた。あるいは強制的に連行されて来たのである。このことは、決して彼らの責任ではない。また、日本人のみが優秀な国民ではない。しかし、当時の人びとは（現在でもその傾向が多分にある）、日本人は優秀であり、朝鮮人は下等と見ていた。これは、日本の明治以来の歴史が、そして教育が作り出してきた人間観であり、人びとはそれを概念的に当然と受けとめて疑わなかった。同時に人間をたての関係でとらえる考え方が存在している。したがって、職業・財産等によって人間の偉さの価値が定められていた。軍隊内の階級とその上下関係は、その典型である。

キンサンは何とか日本人の中で自分が、対等に見られないものかと勉強に打ち込む。そして、軍隊へ志願して入隊したが、そのキンサンがヒョコタンらに、「牛や豚を殺すようなやつは、やばんだっていうが、その肉をくうやつは、やばんじゃないのか……ひとがきらう仕事だからいやしい、ということにはならないさ」といった。しかし、キンサンの考えは甘かったのである。入隊したキンサンは朝鮮人のために、不当に扱われたのであり、それに耐えきれず脱走した。

権力を持つ者の横暴さ、弱い立場にいる人間をより卑下することによって、自分の卑しい心を満足させている人びと。こうした人びとの態度が、国家権力の巨大化を許し、戦争への道へ人びとをかりたたせることを許してきた。

人間の存在をたてにとらえ、常に決定命令が下へ下へと流されるところには、人間としての権利も自由の保証もない。戦争をくい止める良識をすべての人から奪いとっていった。そして、その一端に存在する学校教育の責任は、実に大きいといわざるを得ない。

日中戦争が拡大するにつれて、この清水谷の屠殺場は、兵器工場に合併され、子どもたちの遊び場である天国は、崩されてしまった。同時に職を失ったヒョコタン一家は、寂しくこの地を離れていってしまう。ヒョコタンたちを支配していたセンムも、より巨大な権力によって支配されていたのである。

作者はこの作品のあとがきで、「子どもたちのだいじな〈太平洋〉や〈大草原〉をうばったやつ、ヒョコタンからキンサンをうばったやつ、みんな、そいつがわるいのです」といわれる。「そいつ」は形の上で消えたとしても、今なお、人びとの心の中に住みついている。「そいつ」の存在を許した人間も、人間をたてのつながりで見る人間観も、今も残っている。そしてなお平然としている。

生きるためには、不当な支配であろうとも不当な差別であろうとも、頭をたれ、じっと耐えて生きていた社会の底辺部に生きた人びと。

豚の餌にする残飯を得るために、ヒョコタンはダイスケ君の前に手をつき、地面をはいまわり、豚のまねまでしたのである。軍隊というところは、実力だけがものをいうところだと聞いていたキンサンのおっさんは、朝鮮人の軍人志願制度ができると、真っ先に志願したキンサンを誇りと思っていた。そのことが、戦地へ直結していると知っていながらもである。この息子を送り出すにあたって母親は、朝鮮語の歌を哀調をおびた節で歌う。

社会の底辺部におしこめられた人びとが、そこから脱することがどんなに難しいものであるかを、そして、その中にいる人びとがいかに生きた、かを語っている。同じ境遇に生きる人びとが助け合って生きることは、大きな意義を持つ。

しかし、その協力も、支配権力の前には、まったく無力であった。それでも、なお、生き続けたヒョコタンやキンサンたち、清水谷の連中。だが、最後はこの地を捨てて行った二人の生き方について、やはり、同情はあっても、もう一つの力強さをもてなかったのはなぜか。

もちろん、山羊が水にひきこまれようとした時に見せた、ヒョコタンの力、何としてでも日本を脱出して朝鮮へ帰ろうとしたキンサンの生きることに対するバイタリティーは書かれてはいるが、なお、どうにもならない生活の貧しさ、支配権力の強さを見る。生活の貧しさ、差別、支配権力といったものを、宿命的なものとして受けとめ、その中において少しでも自分の生活を楽しく送ろうとした人びとの姿がそこにある。

ヒョコタン一家が、清水谷を捨てて他へ行ったところに、作者自身の生活観がある。その地にふみとどまり団結して生きぬこうとする形でなく、課せられた枠の中に生き、機会があればそこから脱け出そうと試みる以外に方法を持たなかった当時の人びと（しかし、どこへ行っても生活の貧しさと、差別は追いかけてくるであろう）。

こうした人びとの生活を理解しようとする作者の態度、そこに作者のもつ庶民性が発揮されてはいるが、そのために同情を感ずる一面が見られる。

この作品は、直接戦争に対して批判している作品ではないが、その戦争を許した者への批判であり、同時に、その人びとの心の中にある差別観に対する怒りでもある。そして、権力も財力も持たない人びとが、不当に扱われた時代。そこに生きたヒョコタンを通して、人間の生き方を問い続ける作品である。

この人びとの心の中に、今なお存在する人間への差別観を、生の言葉としてでなく作品として、児童文学に書いた作家の心の底から差別に対する怒りは、十分認めざるを得ないであろう。

③「ゲンのいた谷」

この作品も、戦争を主題とした作品ではない。だが、戦争がもたらした一つの出来事、学童集団疎開を取り扱った作品である。

敵機の空襲から逃れるため、小学校の児童が集団で都会地を離れ、見知らぬ山村へ移動した。しかも、それは政府の命令であり、なかば強制的におこなわれたことである。このことによって、事実多くの児童が空襲によって死ぬことをまぬがれた。しかし、この学童疎開は、子どもにとっては大変な苦労を経験させることになった。

作者がこの作品のあとがきで、「食べるものも、きるものも豊富な、いまの子どもたちには、おそらく想像もできない生活だったでしょう。第一、飢餓感ひとつとってみても、どう話したら、いまの子どもたちにわかってもらえるだろうか」といわれるように、食べるものも欠乏し、着るものもほとんどなかった時代。さらに、自分の家そのものが、どんどん空襲によって失われていった時代に、両親のもとを離れて子どもだけが見知らぬ世界へつれてこられた。そして、その生活条件の悪さは今の子どもの想像を超えたものである。また、こうした疎開児童を受け入れる側の農山村の生活感覚は、彼らが成育した都会と大きく異なっていた。その差からくる、子どもたちの苦労も少なくなかった。農山村に住む子どもらと疎開児との摩擦なども当然おこった。戦争が直接人びとにもたらす悲劇の他に、こうした間接的な被害を子どもたちは味わっていたのである。

この作品は、戦争が子どもたちに強制した学童集団疎開を通して、子どもたちにとって戦争が何であったのか、人びとにとって戦争が何であったのかを次代の子どもに語りかけた作品である。

みんなからスパイの子だといわれ、そのために「ウメボシ」と仇名がついた子ども。その「ウメボシ」が自分の本当の気持を語る相手として古い土蔵に書いた怪獣「ゲン」。ゲンはウメボシの話し相手であり、ウメボシはゲンを得ることによって苦しい疎開生活を何とか切り抜けていく。

何事も非常時、戦地で戦っている兵隊さんのことを考えてみなさい。この言葉で我慢させられてきた子どもたち。その間にも家は空襲で焼かれ、両親を失ってしまった子どもたち。山の中の村ではあるが、東京が大空襲を受けて、焼け野原となってしまったニュースは、いつの間にか子どもたちの間に伝わってきている。それを知ったウメボシは、どうしても東京へ行って母親の顔を見ずにはおれなくなる。脱走常習犯の彦地と、それを利用して脱走しようとする正吉たち。ウメボシは、さらにそれを利用して脱走しようと計画を立てる。ゲンは、この出来事を始終見守っていた。

作者は、このゲンの目をかりて、この集団疎開児たちの生活の実態を見つめている。また、ゲンの口をかりて、この事実をウメボシの子に伝える。

ウメボシの脱走は成功する。その後の安否はまったく不明になる。ゲンは焼け野原と化した東京の町を、ウメボシを求めてさまよい続けていた。そのゲンはウメボシに会える日を二五年も待っていたが、もう会える望みもうすれてしまった今、誰かにこの事実を伝えずにはおれなかった。「いまのおれは、せめてだれかにウメボシの話をきいてもらいたい。ただ、それだけがのぞみだ…」と、いうゲンの言葉は、戦後二十数年経った今日、人びとの記憶の中から忘れ去られようとしている。それは、戦争がもたらした一つの異常な出来事を、何らかの形で今日の子どもに知ってもらいたいとする作者自身の言葉でもある。作者は、「ゲンなんか必要としない時代…世界のどこにも、ゲンに、なみだをなめてもらう子なんかいないことを心から祈ります」という。

ゲンは古い土蔵の壁から、その姿を消してしまった。しかし、私たちはそのことによって、すべてをゲンと共に忘れてしまってもいいのだろうか。再びゲンを必要とする子どもが出てこないためにも、事実から目をそらさないで正確に見きわめ、その本質を明らかにしていく必要がある。

この作品は、作者自身集団疎開の経験はないが、その経験を持つ多くの子どもたちから聞いた話をもとにして書いたといわれる。作者をして、戦争が子どもにたえがたい苦しみ（限られた地域の中に多人数の子どもを押し込め、食糧も乏しく、その他の日常生活に必要な品物を欠乏した条件の中で生活を送らざるを得なかった）を書き伝えずにはいられない気持にかりたたせたものは、やはり、戦争から受けた自分自身の苦しみというものであろう。

だが、そこには激しく戦争を批判する言葉はない。極端に追いつめられた状態の中で、限られた空間の中で、なお子どもらしく生きぬこうとするウメボシの姿を通して、子どもの生活が書かれている。一方、ゲンは東京へ脱走したままの「ウメボシ」をさがして「おれは、くる日もくる日も、しっぽをひきずって、やけあとを歩いた。（うめぼしやーい、ぅめぼしーっ）。町から町へ、やけのこった家から家いえを、ひとつひとつのぞきこんであるいた」このことばなどは、作者の子どもを思う気持ちの一端を如実に表わしている。と同時に作者の心情そのものの表現であろう。

「ばかばやし」

四人の子どもの父親であった仁助さんは、三九歳で兵隊にとられた。軍隊の経験のない仁助さんたち補充兵は、今までの生活とまったく違った生活を、涙と汗を流して一生懸命送っていた。

戦闘のやんだ、とある静かな秋の夜。酒に酔った仁助さんの口から、ふる里の祭ばやしが流れ出た。それをきっかけに、中隊で「祭ばやし」の班が作られることになる。増田伍長の指導の下に、仁助さんたち班の者は、軍務のかたわら一生懸命祭ばやしの練習をした。やがて、部隊が移動してある部落についた時、彼は中国少年ワンを知る。少年に祭太鼓の手ほどきをすることになった。

仁助さんは、この「祭ばやし」をしていることによって、おれはまだ生きているぞ、という実感をもった。だが、ある夜、近くの部隊へ祭ばやしを聞かせにいった帰り敵襲にあい、仁助さんをのぞいて班の全員が死亡してしまった。仁助さんは帰国後、物に憑かれたように祭ばやしを求め太鼓をたたく。しかし、時代の流れは「祭ばやし」をいつの間にか、生活の中から消し去ってしまった。

では、仁助さんにとって祭ばやしは何であったのか。そして帰国後、祭を訪ね太鼓を打つ仁助さんの顔を苦痛にゆがませたのは何であったのか。それは、自分が手ほどきしたのがもとで死なせたワン少年に対し、何もしてやれなかった心のいらだちである。そして自分が体験した戦後の多くの出来事に対する、自分への問いかけである。

自分にとって戦争とは何であったのか。多くの戦友を失い、何も知らない少年をも死に追い込んだ戦争。仁助さん自身にとっては何も得るところがなく（むしろ大きな傷を得て）帰国したのである。こうして戦争で失ったものの、ささやかな代償として求めるものは見い出せなかった。名もなき、多くの人びとの死を積み重ねてなされてきた戦争が、生き残った者にとって何を残してくれたというのか。町の片隅に生きる一人の人生の意義をも明確にできないままに、一層片隅へと追いやる結果だけが残されていたとしたら、あまりにも、そのために支払った代償は大きかったといえる。

一人の人物、仁助さんの一生に影を落とした戦友とワン少年の死を、彼は会心の祭ばやしをかなでることによって補おうとした。しかし、それすら求め得られないとしたら、戦争で生き残った無名の庶民は、何によって失った人生を補うことができるのか。

それは出口のない暗い迷路をさ迷うようなものである。しかし、単なる作者の戦争に対するつぶやきに終わってしまったところに、多くの問題を含んでいる。

「焼けあとの白鳥」

空襲を受けた東京は、一面の焼け野原と化し、多くの都民が死んでいった。この空襲で一家を失った人が、焼けあとのわが家と思われる地に立った時、一体何を考えるであろうか。この作品は、戦後の焼けあとの中に生きていこうとしていた多くの人びとの、声に出されない戦争批判というべき作品である。

中国から復員して来た私が、生きるために古本屋をヤミ市の一角に広げる。その隣の店で三輪車を売っていたのが浜さんである。彼は壊れた三輪車を拾って、なおして売っていた。田舎の子どもに蛙やホタルを安く取らせ、これも売っていた。私は、この商売を快く思ってはいなかった。この生活の中で私の慰めは童話を書くことであった。

浜さんは、やがてプールを作って子どもたちを集める。一方彼自身、子どもたちに顔を売るために学校の前で交通整理をする。しかし、浜さんはこの交通整理中に事故で死んでしまう。私は浜さんの死後、彼のプールを見た。夕暮れの中に波を立てるプールには白鳥（実はアヒル）が優雅に遊んでいた。私はこの風景を見て浜さんの夢を知る。一体、私は浜さんの中に何を見たのであろうか。

一面、焼け野原となった都会の中にも、子どもたちは明日に向かって生きていた。大人がした戦争の犠牲となりながら、大人を批判する声を持たない子どもたちに、生きた遊びの場を、おもちゃを、提出した浜さん。しかし、はたしてそうであったのか。

簡単に、口で「子どもの幸せを」ということはたやすい。しかし、そのかけ声だけでは子どもの今日の幸せは生まれてこない。浜さんは、一言も「子どものため」なんていってはいない。この点に浜さんの強さがある。変に良心的とか、子どもためとかを看板にかかげることの方が、より欺瞞的なものであろう。私が、この浜さんの商売になじめなかったのは、私自身の中に存在する子どものために良心的でありたいという観念的な心情からであり、最後に白鳥の泳ぐプールを見て浜さんを見なおすのは、私自身の観念的な心情の満足によってである。

このことは、長崎源之助自身の中にも存在する概念であろう。生活の手段として、子どもを利用した浜さんの商売に対して批判的な目を持って見るのではなく、むしろ、その中に戦後の焼野原に生きた人びとのたくましさを見い出す方がより自然であり、一層庶民的であろう。

夕焼の中に遊ぶ白鳥の美しさとともに、作品全体が美化されすぎたといえる。

「ピアノとわたし」

戦争の犠牲者は、単に死者のみではない。空襲の中を生きのびた人びとも、やはり犠牲者であった。

この作品は、戦争によって青春を失った人びとの声である。「学徒出陣」によって青年たちは、次々と戦場へかり立てられていった。ある日、見知らぬ青年から声をかけられた恵子は、その青年の希望（友人の送別会に来て欲しいという希望）をかなえてやらなかったが、自分の弟が出征するにあたって青年たちの、そして残された若い娘たちの青春とは、何であったのかを身をもって知る。

戦後の混乱期にたくましく生きる人びとの中にあって、保育活動に生きた恵子に与えられたものは何であったのか。

初めてあずかった正ちゃんのお母さんは、十何年を経た後、ぽつんといった。「…いつも先生にすまないことをしたと思っているんですよ。先生がおよめさんにいきそこなったのは、保育園なんかやって、いそがしすぎたせいだろって」。

この言葉で恵子の心はなごんだであろう。しかし、彼女の青春に対する代償としては、あまりにも寂しすぎるのではないか。

戦後の混乱期に小さな子どもを抱えた母親は、生きるためにどうしても保育所が欲しかった。しかし、その施設がなかったために、正ちゃんのお母さんは無理矢理若い恵子を保育園の先生にしてしまったのである。確かに、恵子もその中で一つの希望をもって活動していたのであるが、そこには青春と呼ばれる時代のはなやかさは存在しなかった。

戦争は、単に死者のみを犠牲にしたのでない。この多くの犠牲を支払った戦争は、戦争の時代に生き、そして生き残った人びとに一体何を与えたであろうか。作者自身の青春をふくめて自問自答でもあろう。いつかなかえられるかわからない結婚の希望を、なお胸にひめて生き続けて来た恵子の人生はあまりにも悲しい。この悲しい現実の枠の中で、何とか自分の幸福を作り出そうと努力するのが、庶民の姿であるとしたならば、庶民とは悲しい存在である。

作品と戦争

長崎源之助のこの四冊の作品を見た場合、戦争そのものが作品の主題として書かれたものはない。戦争が、作品の背景をなすものとして、または作品の主要な一部分として表現されてはいるが、それ自体をストレートに追及した作品はない。

「あほうの星」の場合、ここに書かれた三つの作品は、共に北支における軍隊生活が土台になっている。だが、戦争をテーマにした作品だというには問題がある。むしろ、長崎源之助自身がそのまえがきの中でいわれるように、戦場の中に生きた無力な人間の生き方をテーマにしている作品である。

軍隊という特殊な集団を作りだしたものが戦争であり、その存在の前提がまた戦争である。このことから考えれば、戦争作品であるともいえるが、その中で生きた人びとの生き方に焦点がおかれている。軍隊という集団の本質を描き出すのでなく、その集団の中に強制的に繰り込まれ、なおその集団の一員になりきれなかった、八っあんや小川二等兵の生き方を人間という立場から追求している。

したがって、そこには戦争を加害者の立場から見るとか、歴史の流れの中に位置づけるとか、という見方の戦争批判はない。また、空襲によって命を失い、家を焼かれたという一般的な被害者としての立場でもない。一人の人間として、個人の生き方の方向を強制されたという立場であり、あくまで人間一人ひとりの人間性の立場からの戦争のとらえ方である。この作品は、長崎源之助自身のもつ軍隊経験にもとづいて書かれたものであろう。一九四四年に兵隊として北支に送られ、敗戦まで過した軍隊の生活の中から得た体験であり、その中で生きた人びとの生活である。

この三つの作品を見た場合、作者の目は直接戦争そのものに向けられているのでなく、主人公となる人物の生き方に向けられている。

「八つぁん」の場合、作者は八つぁんを第三者的に見ているかと思うと、時には作者が八つぁん自身になったりしている。また、「ハエ」の場合も同様に、間山二等兵にたえず注目しているにもかかわらず、彼の言葉を通して作者が作品に顔を見せてしまっている。

このことは、長崎源之助自身が、この二人の生き方を自分も体験したといえる。「鳩の笛」の上田二等兵を最後に死にもちこんだのは、彼の人生観でもある。だから、長崎源之助は上田二等兵のような生き方が、一つの方法であることを認めながら、なお、人間として許せなかったために帰国直前に彼を死に追いやってしまった。

軍隊という集団の中にいて、何とか生きのびたいと考えるのは誰もが持つ気持ちである。そのためにいろいろ方法を考えるのであるが、馬鹿になり切るのも一つの方法であることは否定されない。しかし、長崎源之助の人間観からすれば、多くの人をだまし、不正に得た金を使って、人より楽に生きる上田二等兵の存在は許せなかった。

しかし、何も発言権もなく、組織の底辺に生きた兵隊に対して、ここまで厳しく生き方を追及するならば、その上部にいて命令を伝達していた将校下士官に対する人間的な追及が書かれてしかるべきではなかったか。

たとえば、八つぁんの班長の生き方などは、もっと書きこまれていいはずである。また、ハエの場合、軍隊内におけるハエ取り競争そのものがもつ意味。さらに、その競争に勝つことを名誉と思い部下をシッタする班長、加野伍長の生き方を追及することによって、より軍隊の実態が明確になるといえる。小川二等兵をして、この上部層の生き方を追及させることなく、彼の中の人間的な心情へと筆を転化したことが、この作品のもつ戦争批判のほこさきをあいまいなものとさせた。

「ヒョコタンの山羊」にみられる主題は何か。

一つは人種差別である。今日でもこの差別の問題は残っている。しかし、戦前における朝鮮国籍の人びとに対する差別の強さは今日の比ではない。

政府の口先では、五族協和とか同じ天皇の臣民であるとかいっていたが、その実体は非人間的扱いでしかなかった。

当時の日本人は、その差別を当然のものとして受けとっていた。この考え方を明治以降持ち続け、政策として進めてきた日本の責任は、今後も問い続けられるべき問題である。

キンサンが志願兵として、真っ先に入営を願い出たことも、兵隊になることによってこの人種差別から解放されると考えたからである。しかし、結果は裏目に出てしまった。それはなぜか。

日本の大陸進出政策の一端として位置づけられていた朝鮮人軽視の考え方が、日本人のすべてにわたって浸透していたためである。もう一つの主題は、貧富の差がもたらす人間の上下関係である。財を持つ者、社会的名声を持つ者は、それを持たない者より優秀だと考えられていたことである。屠殺場に働く人びとは、そのすべてを「センム」に握られていた。今日の労働者と経営者という関係ではなく、農奴的な存在としての地位しか認められておらず、その生活のすべてが、経営者の一存にかかっているという状態におかれていた。また、権力側により近い者が常に正しく、反対側の者はその正当性も認められていなかったということである（この傾向は今日でも根強く残されている）。

生活の隅々にまで覆いかぶさっている差別と、支配に対して一度は抵抗をこころみたキンサンとヒョコタンの抵抗は、きわめて感情的な抵抗であり非論理的な抵抗である。

軍人になれば平等に扱われると期待して入隊したキンサンは、軍隊の内部におけるより強い差別に対し、ついに上官である班長をなぐりつけてしまったのである。しかし、その結果、キンサンは営倉入りとなり脱走兵として追われるはめになる。

一方、ヒョコタンは、山羊のメー吉を助けるために必死になってミナミ丸の連中に抵抗する。この両者の抵抗は虐げられた人びとが最後に、自分のもっとも大切にするものを守りぬこうとした抵抗である。しかし、結果においてはより大きな力で押しつぶされてしまう。そこに無力な庶民の悲しい現実がある。

「ゲンのいた谷」も、戦争は直接出てこない。だが、小学生という年齢の児童が強制的に両親から引き離され、見知らぬ土地で生活することをよぎなくさせられたのは、戦争のもたらしたものである。

このことは、兵隊として応召し、北支に送られた作者の体験と共通する。この共通点を両者に体験させた戦争の非情性を、長崎源之助は語らずにはいられなかった。だが、作品の構成が、子どもたちの疎開地を舞台として設定されているために、作者の登場する場所が存在しない。また、作者には学童集団疎開の経験がない。そのため、ゲンを登場させ、ゲンの存在を借りて作者の登場する場所を作ったといえる。

ゲンは「ウメボシ」の落書きの中から生まれた怪獣である。ゲンはウメボシの協力者でもあり、また、よき理解者でもある。ときには、彼を慰めてくれる存在でもあった。

子どもは、自分の生活が何らかの形で抑圧されてくると、その逃げ道の一つとして落書きをする。また空想の世界へ自らを置くことによって、現実の抑圧感を一時でも忘れようとするものである。親しい信頼できる友だちを持たなかった「ウメボシ」はゲンを作り、ゲンに語りかけ、ゲンを通すことによって現実において自らの力ではどうにもならない不可能を空想の中で可能にかえた。そのことによって、自らを慰め、生きる力としていた。

作者は、このゲンの登場によって、この作品の中に存在できる場所を得たのである。そして、ゲンの目を通して、また、口を通してこの集団疎開という特殊な世界へ自らも参加し、戦争が彼らにもたらしたものを摑み出そうとしている。

長崎源之助自身、このゲンについて、「主人公を客観視すると同時に、彼の心の中にもはいりこめる…極限状況に於ける少年の願望の産物なので、うまく書けば戦争を憎む気もちが強調されるはずである」(「日本児童文学」一九七〇年三月号)といわれる。その成果は果して十分あげられたか、というといささか不十分である。

集団疎開の中におかれた子どもの実態を浮き彫りにし、その中に生きたうめぼしのエネルギーを、現代の子どもに伝えるという役割はしているが、問題の核心を掘りおこす役目はしていない。また、「ヒヨコタンの山羊」に見られるような非常時という体制のもつ、圧力が弱い立場のものをジワジワと圧迫し、どうにも耐えきれない生活へ追い込んでいくという時代の厳しさが、ともすると、ゲンの存在によって和らげられてしまっている。このことが、戦争に対する作者の告発を読者が十分つかみきれないでいる原因でもある。

作者あとがきにおいて、「…そういう生活があったことを、現代の子どもたちに知ってもらいたかったのです。そして、そういう状況の中でも、せいいっぱい生きぬこうとした少年の姿を書きたかった…」といわれる。

その目的は、十分はたせている作品であろう。しかし、人間が一般的にもつ肉親愛。自分の生命を大切にしたいという激しい願いなど、その個人のもつ根源的なものまでも奪いつくす戦争が、子どもたちにもたらした学童疎開への追及がない。

ウメボシを探し求めて、焼け野原の東京をさまよったゲンの得たものは、すべてを失ったものの姿といえる。

「おれは声をかぎりによんだ。しかし、むだだった。やっぱり、うめぼしは死んだんだ。やけあとのどこかのかわらの下か、防空壕にうずまって、死んでいるんだ。きっと、おれはそうおもった。おれは、おろおろなみだをこぼしながら、つかれはてて、ここへもどってきた。…おれはもうひとりぼっちだった」と、語るゲンの言葉こそ長崎源之助の戦争に対する気持ちのすべてである。と同時に一つの限界ともなっている。

権力もなく、財を持たない庶民の生きる支えというべき、子どもの命をも奪う戦争に対し、こうした言葉で語りかける長崎源之助の戦争批判は、人間的心情ではあるが、その枠をぬけでていない。また戦争の被害が個人の内面的なものへと換言されていることによって、戦争に対する憎しみの力と、戦争のもつ巨大な罪悪への告発を弱める結果を作っている。

今までみてきた三冊の作品が、戦中の時点を背景にもつとすれば、「焼けあとの白鳥」は、その標題の示すように戦後に生きた人びとの姿といえる。戦争が終り、生き残った人たちにとって、戦争は何をもたらしたのか。

長崎源之助が、この作品に登場させた「仁助」「福田恵子」という二人は、特別変った経歴をもつ人たちである。街を歩けばいくらでも見ることのできるはずの人たちが、この作品に登場すると、何となく特別変った経歴の人だと感ずる。それは、戦後二八年もたった今日から見るからであろう。

今日、戦争の焼けあとは、どこを探しても見当らない。そればかりか、戦前にも増して賑やかさを取りかえしている東京。だが、その大都会の人びとに混ってひっそりと生きている「仁助」さんたちが、今なお存在するはずである。

二八年の年月は、人びとの記憶の中から戦争を消し去ったかに見える。だが、戦争が個々の人びとに背負わせた傷は、いかに表面的に繕われようとも決して治る傷ではない。失われた時間というものが、人間にとって、もうどうにもならないものであり、それを奪ったものが戦争であった（墓前に花輪を並べても死んだ人の命は帰らない）。

長崎源之助は、その失われたものが、単に奪われた者の抱く不幸として、口をつむぎ、目を塞いでいることに耐えられなかったのである。

そうさせたのは何か。平和を願うはずの人びとの上に、いつの間にかひろがりつつある戦争の足音であろう。「福田恵子」の中から、青春を奪ったものが再び多くの人びとの青春を奪おうとしている。長崎源之助は、戦争中に失った自分の青春を、また、それによって背負わされてきた傷を、戦争が終わってもどうにもならないものとして、一生付きまとって来るものとして、肌に感じている。

「八つぁん」や「間山二等兵」は、敗戦によって新しい人生を歩き出せる可能性を残している。八つぁんは火の見番小屋で一泊した朝、軍隊の中にいた「八つぁん」のからを脱ぐことができた。

しかし、「福田恵子」は、どこでからを脱ぐことができるのか。彼女には、脱ぐからも残されていない。だが、八つぁんが彼女より幸せか、と問われればやはり否と答えるしかない。八つぁん自身も失われた時間を、再びとり返すことができないからである。しかし、彼女の生き方には暗さがない。失われたものを、うしろ向きになって探し求める惨めさは少しも感じられない。明日に生きる子どもたちの中にあって、自分の生活に精いっぱいの努力をしている。そこに救いがある。もし、その努力がなかったら、とても耐えられないであろう。

「ばかばやし」の仁助さんにしても、「焼けあとの白鳥」の私にしても、その前向きの生きる姿が、むしろ、そう生きる以外に過去の傷を癒やす方法がなかったためでもあるが、ともかく、明日に向かって生きようとするところに庶民の姿がある。

しかし、自分に負わされた戦争の傷を、個人の生きる努力によってカバーするという解決方法が、はたして戦争を批判することに直接つながるのかということである。むしろ、積極的に戦争の非をあばき、戦争の残酷さをほりおこす必要もある。この点、静かなる戦争批判に終わったといえる。

長崎源之助は、「あの戦争の中で庶民はどう生きたか。どう生きようとしたのか。またどう生きねばならなかったのか。それを考え、それを追求し、それを物語のかたちをかりて、子どもたちに語りかけたい」(同前)といわれる。

この言葉が、そのままこの四冊の作品の根源をなしているものであり、作品のすべてがその問題を追求したものであることは明らかである。この場合、その経験や受けた傷の深さに差はあるが、あの戦争の中で生きた一人ひとりの存在というものが、大切であることはいうまでもない。

私たちは、「庶民として」という言葉を集団的なものとしてでなく、一人ひとりの人間として他の人によって置き変えられない人間の存在として理解していく必要がある。また、同時に、それが単なる特定の個人の存在ではなく、すべての人びとに共通する存在としてとらえていく必要がある。

まとめていうならば、長崎源之助は戦争を個々の人びとの生き方との関わりにおいて追求している。それもごく普通の人びとの、そしてもっとも強く戦争に、その生き方を左右された人びとの、人間としての存在の関わりとして戦争を作品化している。

しかし、このことは戦争を受身的なかたちでとらえることを意味する。したがって、積極的なかたちでの戦争批判にまでつながってこない。それは、長崎源之助自身もいっておられるように、悲惨な状況を生のまま作品に表現することではない。むしろ、戦争を許したもの、戦争への道を国民に歩くことを強制させたものの存在を明らかにしていく必要がある。

そして、再びゲンを必要とすることなく、ヒョコタンが山羊と一緒にブタ谷の大草原で暮していけるためにも、さらに、ハエのために死んでいった小川を二度とつくり出さないためにも、戦争への足音を許すことはできない。長崎源之助のいう庶民の中に、そして長崎源之助自身の中に、今なおうずく傷を再び多くの人びの心の中にきざみつけないためにも、戦争への告発の手を、今日の児童文学作家は休めないで欲しい。

おわりに

長崎源之助の多くの作品に対して、横谷輝氏は、「…そのながれを大きくいって、体験から表現への過程としてとらえ、そこに、庶民性、戦争にたいする告発、子どもへの関心」（「日本児童文学」一九七〇年三月号）という三つの特長をあげている。

この庶民性については、まさに長崎源之助作品の特長の一つとして異論なく認めうる指摘である。しかし、戦争にたいする告発という点においては、いささか疑問がある。

たしかに、ここで見た四冊の作品は戦争を土台にし、その中に生きた庶民の姿を描きだしている。戦争の中で苦しみ、死んでいった主人公の一人ひとりの生きる姿を見た場合、戦争がいかに非情なものであるかは理解される。だが、積極的な戦争に対する告発となると、その積極性が十分書かれていない。

それは作者が、主人公となる庶民の生き方というものに焦点をしぼりすぎたために、戦争への告発が二次的な要素として、作品の背景的役割になってしまっているためである。

たとえば、「ハエ」の場合、小川二等兵を死に追いやったのも、同じく「鳩の笛」で上田二等兵を死にいたらしめた作者の態度は、戦争という巨大な罪悪の作り出した状況の中に生きることを要求している。

戦争が作り出した一つのルールの中で、それに反して生きることが、その個人にとって何であるかを追及せずに終わっている。また、「焼けあとの白鳥」と「ピアノと私」の場合においても、個人の生き方の中に戦争からの脱皮を見ているが、あくまで個人の生き方を通しての戦争批判である。ここに作者が、積極的に戦争批判がしえなかった一つの原因がある。あまりにも庶民性にこだわりすぎたために戦争という巨大性が十分つかめられなくなっている。この傾向は、自己の庶民体験への愛着がもたらした作者の一つの特長とはなっているが、そのことがかえって戦争への告発を弱めている。

「ヒョコタンの山羊」を見た場合、時代背景としての戦争はあっても、直接ヒョコタンやキンサンを圧迫しているものは差別と支配である。その二つの圧力に対してヒョコタンが、そしてキンサンが、どうにもこらえきれなくなった時に抵抗をこころみるのであるが、その結果は何であったのか。キンサンの場合は、おのれの立場を一層不利なものへとみちびく以外のなにものでもなかった。また、ヒョコタンの場合は、一時的な勝利でしかない。そして、キンサンはふるさとを捨てて朝鮮に向かうのであり、ヒョコタンもやがてブタ谷を去って行く。

そこに無力な庶民の実態があるが、その人びとは、状況におしつぶされているし、人間そのものに負けてしまっている。追しつけられた社会状況を不変なものとして、受身的にこれを理解し、わずかに隅に隣人との交流を持ち、環境に追し流されて行くのも庶民の一面ではある。しかし、その反面に存在する社会の底辺に生きる人びとの雑草のごとくたくましい生活力の強さを、つかみ出し状況にたち向かう姿勢が欲しい。そのエネルギーを通して、戦争の巨大性を明らかにし、告発すべきではなかったか。

同じことは、「ゲンのいた谷」の告発にもいえる。庶民の悲しみをいっそう深めた戦争を受身的にとらえ、その悲しみを通しての戦争に対する告発というパターンが、作者の特長であると同時に一つの限界でもある。

戦争の被害者としての作者の体験をふくめて、戦争をした国の責任を、どう作品化していくかの問に対する答が欲しい。また、作者自身「悲惨さをナマのまま投げ出すことが、戦争を子どもに伝達する最も有効な手段なのだろうか。ぼくはそう思わない」(同前)といわれる。

この言葉が、長崎源之助の作品のすべての方向づけを示している。たしかに、悲惨さをナマのまま投げ出すことが最上ではあるまい。しかし、戦争が人を殺し、文明を破壊する最も巨大な悲惨な行為である以上、その実態を美化しないでえぐり出すことも必要ではないだろうか。

個人の努力や善意を大きくのりこえて、すべてを破壊してやまない戦争を、そして庶民なるがゆえにより直接その被害者にさせられる実態を、明らかにするためには、個人の悲惨な死をもさけるべきではあるまいか。

ゲンと共に焼けあとをさまよい、ヒョコタンの中に弱者に対する愛情を持ち、戦場で馬鹿にされても懸命に生きた八っあんに限りない愛着をしめしている作者自身の中に、戦争の被害者を見、庶民の生き方を感ずる。

(「中部児童文学」二八号　一九七四年六月二八日)

6　日常生活の延長線上に位置するもの

――「フリスビーおばさんとニムの家ねずみ」

ロバート・C・オブライエン作「フリスビーおばさんとニムの家ねずみ」は二つの要素を持った作品である。

第一は、ミセス・フリスビーの息子チモシーの発病とヒッツギボンさんの春の農耕作業開始が間近に迫ったことによるフリスビー一家の心痛と、病気をなおそうとするミセス・フリスビーの努力であり、第二はニムの研究室で特殊な注射をされ、知能と生命力を得た家ねずみたちの生活と生き方である。この二つの要素が、ミスター・フリスビーの存在によってつながれて一つの作品を構成している。

この作品を読む場合、二つの要素のいずれにポイントをおくかによって、作品の批評は大きく異なる。作者自身、この作品で何をねらったかを考えると、後者の要素、すなわち、知能と生命力を持った（現代文明を持った）ニムの家ねずみたちの生活と生き方を通して、今日の人間の生き方を問いかける要素としての面が大きいと考えられる。

機械文明とそれに支えられた物質文化、および大量消費現象、すなわち使い捨ての生活態度は、子どもの中から体を通しての労働という要素を抜きさっている。たとえば、鉛筆を削るにしても、小刀で削る子どもはほとんどいない。いないというより削れない。電気鉛筆削り器の穴へさしこむと、モーターの回転音と共にもう削れている。部屋の掃除にしても、箒を使って床をはく作業がまったく非能率的であり、いくらはいてもゴミが残っている。これは電気掃除機がもたらした一つの現象である。

こうした生活環境の中で生きている現代の子どもの日常には、体を通して行なうものというと、学科の学習と遊びだけである。その遊びも高学年になるにつれて、進学問題にぶつかり次第に矮小化した孤立的なものへと変化させられる。もちろん、生活環境の変化は子どもの遊ぶ場所を限定し縮小してきたことも大きな要因である。

機械文明の発達は、地域社会から子どもの遊び場を取り上げただけではない。土地の開発は、子どもたちの前から未開の部分をも消してしまおうとしている。アメリカ西部開拓時代のような未知の土地に対する希望や不安は、今日のアメリカにはない。日本においても同様な現象は、形こそ違え起こっている。

戦前の漫画「冒険ダン吉」のような開拓の夢（この漫画の裏には後進国への侵略、ないしは植民地化という目的が国策として提示されていたことを忘れてはいけない）はない。土地を離れ、都会に集中した人びとの生活の中には、地続きとしての未知の自然は存在しない。都会に生きる子どもの生活は、創られた文明の中で、管理された範囲の中での生活である。この一つの限られた枠の中で生きる子どもたちは、子どもが持つ未知の部分を自分で知るという好奇心に基づく冒険心は満たされない。

子どものこの満たされない冒険心は、テレビの普及と共にテレビ化され、変身物、怪獣物、スーパーマン物のブームによって肩代りされて消失されてしまっている。

大人向けとしては、時代劇による捕物ブームや、仕掛人シリーズ、刑事物によるアクションシリーズの隆盛化を生み出している。

もはや、今日の社会環境を背景とした作品においては、人びとを、特に子どもたちを満足させ得るような冒険はほとんどその種が入手できない状態であるといえる。このことが、先に上げた各種のブームにつながっていく。

こうした社会状況の下にあって、なお文学作品として子どもたちの冒険の夢を満たす作品を書こうとするならば、ファンタジーの世界へと筆が進むのもあながち無理ではない。しかし、ファンタジー化された世界において、自由に冒険心が満足されるだけでは、なお、今日私たちが生きていこうとする方向性への問題が残る。

今日の作品の多くが、この現実社会の様々な矛盾を指摘している。だが、その中に見られる主人公たちの行動は、子どもたちの日常生活の延長線上に位置してはいるが、読者である子ども一人ひとりの日常生活との間に、大きな断層を示したものが多い。これでは、多くの読者を満足させられないだろう。

作品「フリスビーおばさんとニムの家ねずみ」は、閉鎖されつつある現代の子どもの冒険への夢をかりたて、なお、現代社会の持つ矛盾の指摘と、人間の生き方とは何か、の問に対する一つのアプローチとして受けとめることができる作品である。

日本では、一九六〇年代に書かれた「小人シリーズ」は、小人と子どもとの交流を通して、人間の生き方について、特にその中の人類愛とか平和のあり方などを指摘した内容のものが多かった（出てきたといった方がいいかもしれない）。しかし、この「小人」の登場作品が必ずしも現代の子どもに満足を与えるものとして、読者の中に定着しなかった。

その原因は種々あるだろうが、「小人シリーズ」の作品そのものの絶対量がそれほど多くなかったこと。それに、登場する小人の範囲がきわめて少人数であったこと、と小人が現実の社会で活動するには、それを受け入れる側の読者の中に小人への認識が十分成長していなかったこと。さらに、時代の変化は、小人の住むべき世界をも破壊していったことや、彼らの持つマジックの威力が現代の子どもに通用しなくなったことなどが複雑にからみあい要因をなしていると考えられる。

七〇年代に入り、この小人シリーズに変わって注目されるようになったのが、動物を主人公とする作品である。大人向けの作品としてベストセラーになった「かもめのジョナサン」や「ウォーターシップダウンのうさぎたち」「冒険者たち」などが、その一例として上げられる。これらは、現在の私たちと自然とのつながり方をどう考えたらいいかを基盤におき、その上に、現実に生きる者としてどう今日の状況を切りぬけるかを追求している。

始めに書いたように、現代社会においては多くの人びとを満足させるような冒険は成立できない現象がはびこっている。しかし、子どもたちは、未知なる物に対する好奇心と、冒険心を十二分に持っていながら、なお、それを満たす条件を失っている状況である現実を、今私たちはしっかりとみつめなければならない。ちなみに、ここで使っている冒険心とは、決して消費的な冒険心ではない。また、不満を一時的に解消させるところのスリルとスピードによる冒険心でもない。子どもの冒険は、現在の自己の生活の延長線上において、その生き方の方向に向かってのばされた部分において初めて満足されるものであり、同時に、その体験が自己の生き方に一つの指針と勇気をプラスするものでなければならない。なぜなら閉ざされた生活の中で自由と解放につながるものとしてでなければならないから。

この作品「フリスビーおばさんとニムの家ねずみ」には、そうした条件を文学作品の上で創り出そうとした点に大きな意義を見い出す。

農産物市場の近くに住み、市場のおこぼれをかすめ取っていた家ねずみたちは、突然つかまえられ、ニムの研究所へ連れてこられた。

――この檻が、長らくわしの住み家になった。居心地は、悪くなかった。床は、プラスチックかなにかでできており、さわるとほどよいやわらかさで、あたたかい。壁と天井は、針金だったから、風通しはじゅうぶんだった。……わしらがいちばん苦しんだのは、このわけのわからない飼い殺しの状態だった。じっさい、待遇はすごくよかった。……食べ物はいつもたっぷりあった。もっとも、それは化学的に調合された丸いつぶで、あまりおいしいものではなかった――

こうした状況の中でニコデマスたちは、知能と生命力とを注射され、その上文字を読むことまで訓練させられた。そのかわり彼らは、むやみに殺されたり、危険に追いまわされることはほとんどなかった。ただし、それは管理された状況の下で、目的も十分知らされないまま訓練を繰り返し、前に三回、後ろに三回とべば壁に突き当るような小さな空間の中での生活を、彼らが自分の運命として素直に受け入れることによって保障されるものであった。

このニムにおけるニコデマスたちの状態は、現在の過密化した大都会に住む私たち人間の生活状態と比べると多くの点で共通する部分を見い出す。たとえば、住宅の高層化と画一化、学校教育のあり方が問題にされながら、なお、有名大学への門をめざしての学習体制、医学の発達に伴う長命現象、化学薬品を使用し機械的に作られた多くの食品（中には有害問題が十分究明されていないものも多分にある）、管理体制の強化された職場、機械化現象が進行する中で、人間自身もその一部分となりつつある生産体制などを考えた場合、ニムの家ねずみの生活をたわいのないむこう側の世界に属する話題として見すごすわけにはいかない。

ニコデマスたちは、この管理されたニムの研究所を脱出して、ミセス・フリスビーたちの住むヒッツギボンさんのバラのしげみの中に彼らの家を持つ。この家は、私たちのまわりに見られるような木造の安アパートの比ではない。ここのようすは、

——こうこうと明るい通路が、長くのびていた。天井と壁は、すべすべして、アーチ形をしており、床はかたく平らで、中央にはやわらかいじゅうたんがしかれてあった。光は、両側の壁からさしている。壁の根もとの穴は、小さな電球がうめこまれ、その穴には、小さな窓のように四角な色ガラスがはめこまれていた——

光だけでなく、換気やエレベーター・電気冷蔵庫などもあり、図書館・会議室・作業場までが作られている。これは、現代の私たちが到達した生活空間の理想の様子であるともいえる。ただし、私たちの生活の中では、そのすべてを満たしているわけではない。私たちは、この家ねずみの持つ条件の中の一つでも多く個人の所有にしたいと、日夜労働にあけくれている状態だとも考えられる。

だが、ニコデマスたちの生活に、問題がないわけではない。それは、生産の問題である。彼らの生活実態はきわめて高度なものであるが、食糧の生産が皆無だという点である。完全消費生活である。自らが土に生きる条件を切り離し、自然と遊離した状態で生きることからくる不安が感じられる。今や人間は、自然を破壊し、機械文明によってそれをおきかえようとしている傾向にある。はたして、これで人

類の将来は保障されるのか、という不安がとれない。

わが国の戦後は、高度成長経済政策にささえられ大きく発展したが、今やその発展が頭打ちとなり、加えてこれらの発展に伴って発生した公害は、とどまるところを知らず、やがて近海を含めて全国を覆いつくすほどの大きさにふくれ上がろうとしている。

ニムの家ねずみたちは、作り出された高度な消費生活を捨てて、ソーンの谷間に新しい生活を作り出そうと計画している。それは、もっとも原始的な農耕生産を主体とした生活圏の確立である。この本の訳者である越智道雄氏は、そのあとがきの中で「家ねずみたちは、地下の基地をこわして、背水の陣をしいたわけだが、わたしたちは、まだ自分たちの文明のどれをこわし、どれを残せばいいか、迷いつづけている」といわれる。人間は、自らが作り出した科学万能文化に、その生活圏を侵されようとしている。だが、私たちはそれほどたやすく現在の生活を捨てられない。

ニムの家ねずみたちが、現在の生活を捨て、自分たちの理想に基づく生活の新天地を求め、その開拓に出発する。未知の世界へ勇気をもって立ち向かうバイタリティーがそこにはある。このバイタリティーは、アメリカの西部開拓時代や、日本の北海道開拓時代の人びとの勇気を想い出させる（その内容は質的に異なるが——）。

自らの生活を確立させるために、新しい方向に向かって生きるそのエネルギーは、子どもたちに、大人たちに無限の夢をあたえる。もちろん、この作品は文学作品として書かれている以上、社会問題に対する鋭い指摘があれば、それでいいということにはならない。

その点、作者は、ミセス・フリスビー一家の生活やチモニーの病気をとりまく家族の生き方を通して、平凡な生き方の中に見られる人間の愛をも落とさずに書いている。また、ミスター・フリスビーの存在を通して、一見無関係とも思える二つの要素を巧みに結びつけることに成功している。

はたたかし氏は、「日本児童文学」（七五年二月号）のミニ作品論の中で、「もし、ミセス・フリスビーや、ニコデマスたちが、むこう側の世界のものであったなら虚構の中のリアリティは、別の形で表現されただろう。……作業室にモーターがうなり、ワイヤロープを握るねずみの手が、スコップを握りしめるねずみの手が、そんな作業に耐える巧緻性を持っているかなど、つまらないところにこだわることもなかったはずである。……訳者が、あとがきで述べているように、現在人間の置かれている状況と、このねずみたちの世界を重ねあわせて、何らかの問題点を的確に指摘しているのには感服するが、ぼくは、あえて深読みしようとは思わない。『かもめのジョナサン』ほどの象徴さえも、ぼくは感じようとはしなかった」といわれる。

はた氏がいわれるように、この作品の主体をむこう側の世界に置いたら、単なるねずみの話にすぎないものになるであろう。たしかに、ねずみがワイヤーロープを握り、ドライバーをまわすことは現実にはありえない。だからといって、こうした矛盾を取り出したり小道具の配置をご都合主義とする読み方にはどうしても賛成しかねる。

もちろん、彼らがむこう側の世界の住人ならば、こうしたことは問題にならないであろう。しかし、こうした点を土台にして、この作品を読み否定的立場をとられたことにこだわる。

作品の上でこうした動物の使い方は、決して新しいものではない。たとえば、新美南吉の「手ぶくろかいに」とか宮沢賢治の「オッペルと象」その他の作品を、私たちは知っている。これらの作品も、決してむこう側での出来事として書かれてはいない。
「手ぶくろかいに」は、子ぎつねが町の店へ自分の手ぶくろを買いにくる話である。それも人間の使うお金を持って。いかに雪が冷たかろうとはいえ、子ぎつねの手にしもやけができるとは考えられないし、それがまたお金を持って手ぶくろを買いにくるとは考えられない。しかし、この作品は新美南吉の作品としては、「ごんぎつね」と並んでよく読まれ、それなりの評価を受けている（評価したい）。はた氏は、はたして先にあげた二つの作品をやはり「フリスビーおばさんとニムの家ねずみ」と同じ考えで否定されるのか。

私たちが文学作品を読んだ場合、それから受ける感動はさまざまである。現実の生活体験と重ね合わせて、自己の生き方を深くみつめることもあろう。また、その作品を通して自己の解放に結びつけることもあろう。それは、読み手の人生観にもとづくものであり、一人ひとりが異なった感動を受けるのも当然である。

一昨年来、内外の児童文学作品を読んでいて、こうした感動をよびさまされるという経験はあまりなかった。ところが、ある機会に「フリスビーおばさんとニムの家ねずみ」を読むことによって、大きな感動を得た。それは、自分の人生の方向性を再確認させせられる程のものであった（はた氏の「ミニ作品論」を読んだ限りにおいては、読書欲はわかなかったが）。マンネリ化した現代社会に、ドップリとつかりこんでいる私たちに、これほど鋭く問題を提起し、その生き方の反省を迫る作品はあるまい。

日本児童文学者協会新人賞の「兎の目」（灰谷健次郎作）も、多くの話題と問題を私たちに提供した作品である。が、私は、それ以上にこの作品からは心につきささる感動を得た。

(「児童文学評論」一〇号、一九七五年八月三〇日)

7　幼年文学の現況

日本児童図書出版協会発行の「子どもの本」三月号によれば、昨年中に出版された児童図書は二、六六七点にものぼるといわれる。これらのすべてに目を通すことは、まず不可能に近い。それでも、日本児童文学者協会の作成した創作児童文学のリストに紹介されている作品だけは、その大半を手にすることができた。そのリストに紹介されている作品についていえば、まず量的にみて小学校低学年および幼児を読者対象とした、いわゆる幼年文学―幼年童話に属する作品が、全体の六割を占めている。

ところで、こうした幼年文学・童話であるが、読んで案外おもしろい作品が多い。しかし、そのおもしろさは、読んでいる時にはそれなりに結構楽しませてくれるのであるが、ある一定の時間が過ぎると印象に残らない作品も多い。この傾向は、単に昨年だけにかぎった現象ではなく、ここ数年同じような状態が続いている。この点について、古田足日は座談会「児童文学七〇年代から八〇年代へ」の中で、「七〇年代に入っては、低学年のほうではある資質をもった人たちは別にして、幼児・低学年のところでは比較的楽に、ある程度子どもに喜ばれるがなかみはあまりないという作品を書くことになり、高学年で全力投球するというふうな構造が定着したということがある」（「日本児童文学」一九八〇年四月号）と、指摘する。

この発言は、作家の姿勢についての指摘であるが、単に作家の主体性だけにとどまる問題ではないだろう。そこには、今日の出版状況の問題、受け入れ側の読者の好み、幼年文学に対する批評の問題など、多くの問題が重なりあって生み出されてきた現象である。

もちろん、こうした状況下にあって、それなりの成果をつくり出し、印象に残る作品もある。たとえば、古田足日の「おしいれのぼうけん」「ダンプえんちょうやつっけた」などは、初期の「ロボット・カミイ」にみられた、これまでの子ども集団の中における自己変革をさらに発展させ、大人の理不尽へと目が向けられ、変革の文学をさぐってきている。また、現代の子どもがおかれている状況に強い関心をもつ灰谷健次郎は「マコチン」から「ワルのぽけっと」にいたる一連の作品で、子どもと大人が共に考える問題を出してきた。一方六〇年代に寺村輝夫や小沢正が提出したナンセンス・ファンタジーの笑いのおもしろさを継承する山下明生の「はんぶちょうだい」や、それに風刺をくわえた川北りょうじの「五つめのおくりもの」などの作品は、見落とせない。さらに、主として高学年読者を対象とした作品を書いてきた浜野卓也の、失われていく日本の文化に目をむけ、おじいさんと孫の絆をさぐろうとする「ふしぎなてるてるぼうず」。単に、子どもの日常生活を写しとるだけでなく、その心のひだへわけ入り、子どもの姿を追求しようとする大石真の「はっきょいすすむくん」。父と子の関係を描く竹崎有斐の「おとうさんのだいじょうぶ」。その他、舟崎克彦の「せかいいちおいしいごちそう」。舟崎靖子の「にんじゃごっこ」など。これらの作品は、それなりに新しい幼年文学のあり方を求めて、その可能性をさぐっているし、また、質的にも高い。

しかし、こうした新しい幼年文学のあり方を求め、その可能性をさぐった作品や質的に高い作品は、全体的にみた場合、やはり量的に決して多いとはいえない。このことは今日いまだに中川李枝子の「いやいやえん」が、もてはやされている現状をみれば説明するまでもないだろう。では、なぜ印象に残らない作品、古田の言葉をかりれば「子どもに喜ばれるがなかみのあまりないという作品」が、多く生まれるのか。

このことは先にも少しふれたが、この問題をときあかすことは、いろいろな条件が重なり、かなり厄介なことであり困難なことである。それを厳密に追求し、ひとことで語ることは不可能である。今、ここで思いつくままにあげるとすれば、その理由の第一は、先に紹介した古田足日の発言にある通り、「高学年で全力投球する」という作家側の条件が考えられる。もちろん作家にしても、別に意識的に幼年文学を低位置にすえて、手をぬいているとはいえないだろう。むしろ、大人である作家が自己の主体性を十分作品に書き込める作品ということになれば、その作品の主題・登場人物の言動・語彙の関係などから、どうしても高学年対象の作品という結果になるだろうということは、一応うなずける。したがって、古田がいうように「低学年のほうではある資質をもった人たちは別」にすれば、おのずと、高学年指向の傾向になるのはやむを得ないといえる。

次に考えられる第二の理由は、それは幼年文学に対する評価のあり方があげられる。これまでしばしば聞く言葉であるが、「児童文学、特に幼年文学はおもしろくなければいけない。おもしろくない作品は子どもが読まない」という。あるいは、「最後の批評は子ども自身がする」ということ。この他にも「幼年文学を教訓の道具にしてはいけない」とか、「教訓童話ではいけない」ということがいわれる。

これらの言葉一つひとつは、それぞれにそれなりの意義があり、過去の反省から生まれたものであることは理解できる。しかし、問題はその反省の土台となった部分をおきざりにして、言葉そのものにのみ、走り過ぎてしまったということではないだろうか。

幼年文学におもしろさは必要な条件である。おもしろくなければ読まないし、そんな本は話題にもならない。それはそれなりに正しい分析である。しかし、それゆえにおもしろさが必要以上に強調される結果となっているのではないか、ということである。たしかに、作者の道徳意識や理想面が表面にあらわれて「……だからなになにはしないようにしましょう」とか、「……なまけないでがんばりましょう」式の作品は、読む気がしない。だから、それらの内容は否定される結果になるのは当然であろう。

したがって、幼年文学においておもしろくなくてはならないということと、幼年文学を教訓の道具にしてはいけないということが重なった場合、そこから生まれてくるのは「おもしろくて、そしてやっぱりおもしろい」ということになる。こうしたことが、今日の幼年文学を、読んでいるのにはおもしろく楽しいのではあるが、読みおえると印象に残らない作品を生み出しているのではないか。このことについては後でふれるとして、もちろん、今日の幼年文学層に対する批評のたちおくれが大きな原因をつくっていることはいうまでもない。

ところで、もう一つの理由としては出版社側の問題が考えられる。はじめにもふれたのであるが、今日の児童文学の中で量的に多いのは、小学校低学年・幼児を読者対象とした作品である。それには、高学年読者の受験をひかえて読書離れの傾向のある中で、小学校低学年・幼児にはそれがないことと、読書運動や地域文庫の拡大定着による需要があることなどがあげられる。しかし、そのことは出版社にとって恰好な販売市場となり、それを出版産業が捨ておくはずはない。文学作品といえども、経済機構を流通する限りにおいては、一個の商品目である。新しい商品の流通経路を求めることは企業の本質からいって当然のことだろう。しかし、問題はそれに今、作家も評論家も押し流され、抵抗力がもてなくなってきているのではないだろうか。

ところで、問題をはじめにもどして読んでいる時にはそれなりに結構楽しいしおもしろいのであるが、なぜ、それが印象に残らないのか考えてみたい。

今、子どもたちの間で人気を呼んでいる本に長新太の「ノンビリすいぞっかん」がある。この本はシリーズ「どうわの森のおくりもの」(理論社)の中の一冊であるが、このシリーズのキャッチフレーズは、「四、五歳の子どものよろこんで聞くおはなし/六・七歳の子どもの目をかがやかせて読むおはなし/もっと大きいひとたちの愛蔵版――どうわの森のおくりもの」ということになっている。同じシリーズの他の作品が一つの話で成り立っているのに対し、この作品は一七の短編集である。しかもその中の七編は一編のコマ割りマンガになっている点で特色がある。特に、長新太独特のおもしろい発想や特徴のあるさし絵・マンガ形式によるユニークな作品である。

内容は、水族館のヒラメが野球を見に行く。すると男の人が来てヒラメをザブトンと間違えて腰をのせる。その痛さに目が横へ飛び出してしまう。男の人はそんなこととは知らず応援する巨人軍が負けているから興奮して、ヒラメをグランドめがけて投げてしまう。ヒラメは、ちょうど選手の振ったバットに当り、そのまま水族館まで飛んで行ったという第一話「ヒラメのはなし」。また、海のギャングだといわれるウツボが新幹線が見たくて見に行く。走ってきた新幹線はウツボを見てふるえだす。急に止まってしまった新幹線から降りてきた車掌は、「ちゃんと、はしらなければだめじゃないの」と怒りだすのであるが、新幹線はウツボが恐いと泣き出してしまう。ウツボは、新幹線を恐がらせた罰としてキップを沢山切らせられるという「ウツボのはなし」。

あるいは一コママンガの「ハリセンボンのはなし」は、ハリセンボンが散歩をしていると、同じように散歩していた犬がパクリとたべてしまうから大変。犬の顔は口の大きくふくらんだハリセンボンのハリが外に飛び出しクリのいがみたいになってしまう。それをみた犬を連れて散歩していたご婦人は、目が飛び出し気絶してしまう。ハリセンボンは無事に犬の口から逃げて水族館へ帰るというマンガである。

この他、イカが飛行場へ行き飛行機になった話や、タイが団地へ遊びに行くと、そこの主人の名前が「タイジ」で、ビールを一緒にご馳走になる話や、あるいはエビどん屋へ行きとうがらしを入れすぎて体中がまっ赤になり消防車がかけつけてくるといった実に愉快なおもしろい話ばかりである。しかも、この作品はどの話から読んでも気楽に読めて楽しい。

だが、しかし読んでいる時には結構おもしろく楽しいにもかかわらず、一定の時間がたつと魚たちもその内容も印象に残るものがない。それはこの作品のみにこだわらず一般的にみてなぜ印象に残らないのだろう。

その第一に考えられることは、作者の人間に対する生き方を問う姿勢に大きな原因があると考える。もちろん、通俗的な教訓やお説教は文学作品には不要である。いわんや一面的な価値観をあたかも絶対的な真理であるように書きならべたのでは、おもしろくないばかりか読者にとって迷惑である。そうしたものは別として、やはり文学作品の中には、それなりに作者の人間に対する思考が必要である。

ところが、幼年文学においてこの作者の人間に対する思考、または、人間が人間として生きる上で必要な事柄を書き込むことは、きわめてむつかしい。ともすればその点だけが表面に出てしまって、いや味になることが多い。しかし、その点を抜きにしておもしろさだけを強調すれば、やはり読んだあとに残るものがほとんどなくなってしまう結果になる。

次に考えられることは、おもしろい作品というが、子どもの日常生活を単にそのまま写しとっただけの作品は、どう書き込んでもそのおもしろさにはおのずと限界があると考えられる。そこで、よりおもしろい作品となると、ファンタジーかナンセンスということになる。ナンセンス作品は、ナンセンスゆえにおもしろさは十分追求が可能であるが、しかし、ナンセンスにはおもしろさと同時に風刺が要求される。

ナンセンス作品における風刺の根元は、作者の人間に対する生き方の問いをぬきにしてはその意味をなさず、単に言葉のおもしろさやギャグのおもしろさに終わってしまう結果となる。ところが、幼年文学における風刺は、その読者対象の社会的経験から考えるときわめてむずかしい。つまり、幼年読者には風刺の意味が十分理解されないということであるが、解説つきの風刺ではまったくナンセンスというべきであろう。したがって、幼年文学におけるナンセンス作品は、どうしても表面的なおもしろさに終ることが多い。

次に考えられる点は、幼年文学にかぎらず大人の文学でも同じであるが、おもしろくない作品は読まれない。大人の場合、一つの作品を読んでおもしろくなければ、次にその作者の作品を読もうとはあまりしない。逆にはじめに読んだ作品がおもしろければ、次の場合もその作家の作品を読む。子どもの場合は、多少この傾向とは異なるが、いずれにしてもおもしろければそれだけ多く読まれる。

出版する側からみれば、読まれない作品は商品としての価値を失う。ここに単に、書き手と読み手の問題だけでなく、出版という企業の利益の問題が絡んでくることになる。したがって、企業としての出版はやはり売れる本、おもしろい本という立場を前面に出さざるを得なくなり、そうすれば売れる作者はどんどん作品を書かされるだろう。こうした状況が、はじめに紹介した古田発言の「幼年、低学年のところでは比較的楽に、ある程度子どもに喜ばれるがなかみのあまりない作品を書くこと」になるということになってくる。

問題はさらにある。作品がおもしろくなければ読まない。このことはたしかであるが、作品のおもしろさとは何かである。このおもしろさとは何か、といった場合、抽象的なことしかここではいえないが、たとえば、純文学はおもしろいのであるが、しかし、一般的にみておもしろさの点だけからいえば好みの問題もあるだろうが、大衆文学の方がはるかにおもしろい。また、多く読まれる。ところが、問題は単におもしろくより多くの子どもに読まれれば、幼年文学はそれでいいのかということである。

マンガを引き合いに出すのは的はずれかもしれないが、子どもたちがマンガに示す熱中ぶりは、幼年文学に示すそれに比べてはるかに多大である。今、子どもたちの間で人気のあるマンガは、「ドラえもん」であろう。おもしろさという点、おもしろさゆえに多くの子どもが読むという点だけからいえば、幼年文学はこの「ドラえもん」の敵ではないといえる。もちろん、幼年文学とマンガとの間には質的に大きな違いがあり、これを同一線上において比較すること事態が無理であることは明白である。しかし、幼年文学が単におもしろさだけに焦点をしぼって書きすすめられるとするならば、やがて、その舞台はマンガにあけわたさざるを得ないことになるだろうと考える。

問題はまだある。それはおもしろくも何ともない作品が多いことである。もちろん、表面的なおもしろさだけでなく文学的に質が高く、読者の深い内面的感動をよびさます作品は先にすでにあげたが、しかし、そうした作品は絶対量として少ない。大部分の作品は文章のうまさで読ませはするが、それどまりである。というより、子どもが好きなものを書けばおもしろいだろうといった作品や、小手先だけで書いたようなものやら、安手の童話観にたよったような作品などがめだつ。

これには、安易に書けるという幼年文学に対する根強い風潮があるのではないかと思われるが、いずれにしてもこうした作品が、今日あんがい外見のよさで売れている。ここにも、幼年文学のかかわっている大きな問題があるといえよう。

ところでこれまで何度も述べてきたが、幼年文学はおもしろくなければ読まないということはたしかである。しかし、問題なのはそのおもしろさの「内容」である。単に表面的なおもしろさ──子どもの歓心を買ったりこびた作品や、内容のあまりない軽い作品は、テレビの影響力を受けた最近の子どもたちには、気楽に読めて、しかもあまり考えなくてもいいことから、むしろ喜ばれるだろう。というより、最近の子どもたちの読書傾向が、絵の多くある気楽に読めるものに手を出し、内容の重いものより軽いものを選ぶようになってきていると聞く。もし、幼年文学が、こうした子どもたちの喜ぶおもしろさだけにたよるとすれば、やがて、幼年文学は見捨てられるだろう。

なお、それと同時に重要な問題は、作品を書く作家の人間の生き方に対する姿勢であろう。かつて、後藤竜二は、「現代に生きるおとなとしての作家たちが、いったい子どもたちにむかって、なにを語りかけようとするのか?……現代に生きる子どもたちにむかって語るべきなにものもなく、なおかつ、

『児童文学』を書く、という行為のみがあるとすれば、それはどういうことなのか？　なんとも背筋の寒くなる現象ではある」（「日本児童文学」一九七六年三月号）と、作家の問題意識の希薄さを指摘し、これにつづいて次のようにいう。

――問題意識を明確にすることは、対象（素材）を明確に描き出すということにほかなるまい。安っぽい借りものの常識的価値で、たいせつな宝（素材）をくもらせてしまうな、ということである――

要は、子どもの喜びそうなテーマを探し出し、子どもが興味を持つだろうと考えられる小道具を並べて、楽しませようとするのではなく、「何をどう書くか」を作家自身が明確に持つことである。そして、「どうそれを表現するか」によって、子どもの心を捉えることではないだろうか。幼児が読むからといって、作品の質を落とし安易な気持で言葉のおもしろさや使用する小道具のおもしろさだけにたよったとすれば、やがて作家自身の首をしめることにもなりかねないというものである。

（「児童文化」第六号、一九七〇年五月）

8　七〇年代の新人作家たち——さまざまな顔、さまざまな中で

一〇年の時の流れは短いようで長い。今、この一〇年間をふりかえってみると、児童文学の世界へもさまざまな顔と、さまざまな振りをして多くの新しい作家が登場してきた。そうした中には、地域の同人誌で活躍していた人もあるし、また、全くの新人（年齢・作家歴共に）もいる。登場してきた作家が真に新しい作家であるか、それともその新しさは見せかけにすぎないかの判断は、なかなか難しい。また、多種多様な面を持つ文学を、一つの価値基準でもって律しきれるものではない。

そんなことでここでは、私の印象に残っている七〇年代の新人作家たちのうち、ごく一部の作家たちにふれることしかできないだろう。

ところで、かつて六〇年代のはじめ、古田足日、山中恒、佐藤さとる、いぬいとみこらをはじめ多くの作家たちが、思想性・政治性・世界性を持つことで、伝統的童話を乗り越えようとして、日本の児童文学の近代化をめざし、次々と新しい作品を発表した。しかし、六〇年代後半から七〇年代はじめにかけて、作品の「平均化」ということがいわれた。「何か小柄で器用な作品」にやきもきし、児童文学の「混迷」とか「停滞」とかが叫ばれた。

こうした状況を払い除けるかのように、七〇年代のはじめ、感覚的にも思考的にも新しさを引っさげた斎藤惇夫、北川亮司、山下明生、舟崎克彦、舟崎靖子らといった、若い世代の新人作家が登場してきた。

彼らは六〇年代の作家たちが、乗り越えゆきついたところから歩み出し、児童文学を何とかしなければと大上段に構えず、一つの現実を笑いと遊びの世界で捉え、あざやかに描き、子どもたちにアプローチした。そして、これまで六〇年代の作家たちが創り上げてきた児童文学の流れの中へ、異質の世界――楽しさおもしろさの世界を持ち込み、児童文学の枠組を拡げ継承してきたのも彼らではなかったか。

その中の川北亮司は、七〇年にナンセンス風童話「はらがへったらじゃんけんぽん」を発表し、その後「おいら」と「アタイ」を引き連れ、よくも悪くもある己の置かれた現実を見据え、そこから常に出発し、現実と空想の接点で児童文学を追求する。そんな川北は、「はらがへったら」のおいら自身ではなかったか。また、川北がこれまで歩んできた道は、七〇年代の児童文学を象徴していたのではないか。また、七〇年代の新人作家たちの活動とも重なり、興味深い作家である。

イイコちゃんの優等生になりたくない。「アタイ」や「おいら」でいたい川北は、「まずはからすをまっ白けにして」花模様のあるカラスを創り出し、「はらがへったら」を通して、児童文学の世界にも花模様のあるカラスを飛ばそうとこころみた。しぶとくてしたたかなおいらは、じゃんけんをしながら、何かを求めようとする。そこで「何かにつまずいて」見つけたのが、下町の子どもたちの泣き笑いながら生きている汗の臭いであり、その中から、子どものエネルギーを見い出す。そこで、生まれたのが「街かどの風」であった。

だが、その川北も「街かどの風」の吹く中で、ふと横を見た時、「ふしぎなえほんはかぜにのって」舞ってゆく、哀しそうな「ぼく」の姿を見る。腹をすかしたひつじに、「えほんの下のはしを、ちょっとやぶいて」与えるが、絵本を破り過ぎてしまって「ごめんよ」と謝まる。ぼくにひつじは、何もしゃべってくれない。

一方、「おれ、どうして、こんなにきたならしいんだ」というカラスに花模様をつける。しかし、そのカラスも猟師に射たれてしまう。こうした寂しい風景に出会うぼくに、川北は「五つめのおくりもの」を送る。ナンセンス・リアリズムとその手法は異なるが、その常に何かを求め問いつづける姿勢はくずさない。ある時は真正面に見つめ、ある時は斜めに構えた笑いで、児童文学を追求する。その川北の資質は、斜めに構えてみせる笑いにある。しかし、その笑いのおもしろさは、七一年に「トンカチと花将軍」を発表した舟崎克彦・舟崎靖子らの創り出すところのおもしろさとは異なる。

両舟崎の場合は、スマートでしゃれている。「トンカチと花将軍」は、登場する者たちの名前だとか、彼らの巻き起こす事件・行為そのものにおもしろさがあり、読者を完全に物語の中で遊ばせてくれるところに特徴がある。従来の児童文学をあっさり払いのけ、教育的配慮もなければ善意の押しつけもない。ましてお説教もないおもしろさ、楽しさといった、新しい領域を児童文学へ持込んだのは両舟崎といえよう。

しかし、川北の場合はスマートでもしゃれてもいない。アタイといったりオイラというように、また女の子のすることも少々荒っぽい（その実ナイーブだが）。そして、文学の世界で遊びを楽しむおもしろさというよりは、笑いの中で読者に考えさせる。このことは、さびしがりやさんのアタイのところに、次々と四つの箱が送られてくる「五つめのおくりもの」が端的に示している。つまり、自己の現実を足場に据え、そこから出発し思想性をもたせたところにちがいがある。

一方、幼年文学の世界へ笑いのおもしろさを拡げたのが山下明生である。これまでにも幼年ものを書く作家は多くいたが、山下のように資質をそなえ本格的に、幼年文学を書く作家は少なかったと思う。その点だけでも、山下の出現は貴重であった。

的確な描写で海のおおらかさを、ナンセンス風なファンタジーで描いたところに山下の特色がある。その世界は、彼の子ども時代の体験が基礎に置かれている。しかし、郷愁は臭ってこない。おそらくその秘密は、山下の中に常に生き生きとした幼児性が活動しており、それを大事に育てているからではないか。また、山下が児童文学にかかわるのも、そのあたりにあるのではないかと思われるが、いずれにしても、六〇年代の小沢正、寺村輝夫といった作家に継ぐ、幼年文学の継承者が山下であろう。

また一方、おもしろさとともに読者を冒険の旅へ連れ出してくれたのは斎藤惇夫だった。斎藤は「グリックの冒険」「冒険者たち」で冒険野郎を創造した。台所の床下の貯蔵穴に住むガンバは、「海へ行かないか」と友人マンプクに誘われ、しぶしぶながらも腰をあげて冒険の旅に出かける。読者は次から次へと展開する、物語性にひきつれられて楽しむ。といった寸法で冒険のおもしろさを楽しませてくれた。外国産の冒険小説にはおよばなかったが、物語性・魔力を借りず己の力で冒険に立ち向かうことでは、従来の冒険ものを乗り越えたといえよう。しかし、居心地のいい住家でせいぜいどぶ川と大根のしっぽを思い浮べているガンバでさえ、壮烈な大冒険へかり出したにもかかわらず、その後、こうした冒険小説は生まれていない。このことは、単に斎藤個人の問題だけではないだろう。今日の児童文学全体としての今後の課題といえよう。

ところが、七〇年代後半になると、年齢的にも若い各新人賞のタイトル所有者や候補作品に選ばれた作家たちが登場した。これから、彼らがどんな作品を書いてゆくのか楽しみであるが、これまでの作品をみるかぎり、残年ながらその作品に若さが感じられなかった。確かに、最近の若い作家の多くは文章もうまいし表現力もある。その点において、一応読ませる作品になっている。しかしその反面、発想の旧さだとか、常識的なところで物事を見ている姿勢が気になった。

価値観の多様さ、価値基準の変化、日常生活のあり方と相異。その中から生み出される若者のエネルギー。こうした若さのもつ新しい世界観・文学観といったものが、作品の根底で感じられなかった。時には、児童文学に対する基本的な「問い」に欠けるのではないかとすら、思うことがあった。

若い作家なら若い作家なりに若さが必要だと思うし、物わかりのいい大人に早くなる必要はないと思う。人生経験豊かな心優しい大人たちが、すでにこれまで書き残してくれたものに寄りかかるのでなく、さらに、それを乗り越えるような意気込みが欲しいし、若さが欲しい。

だからといって、全くそうした若い新人がいなかったわけではない。たとえば、そのひとりに岩瀬成子がいる。タバコを吸い、バーへ出入りして酔っぱらって夜中の三時に帰宅したり、男友だちにオートバイに乗せてもらって遊ぶ。かと思うと、反戦デモに参加したりする中学生の女の子を主人公に、「朝はだんだん見えてくる」を書いた。子を持つ親がドキッとするような少女を、単なる素材としてでなく、岩瀬自身感覚的に新しい生き方として作品の中に持ち込んだ。

しかし、岩瀬の新しい素材を児童文学に取り入れようとした姿勢は認めるが、「文学として新しいものではない」という意見が出ていたように、本質的なところで新しくなりきれなかった。そこに、主人公奈々の突っ張りが、最後まで突っ張り切れない弱さとなっているのではないか。

だが、作品の成功・不成功はともかく、岩瀬が、何か新しいものを狙おうとしている姿勢。現代を真正面にみつめ、それを積極的に描いてゆこうとしている態度は気分としてわかる。そうしたところに、やはり、これからの児童文学の可能性が、この作家の中にあるのではないか。もちろん、目新しさだけを追うのでは困るし、また、安手な小説観をたよりに書くのも困るが。しかし、児童文学のオールド・スタイルに挑戦していくことが、これからの児童文学の風通しをよくしていくのではないだろうか。

ところで、岩瀬成子と異なって興味ある若い新人に皿海達哉がいる。皿海は、その作品「チッチゼミ鳴く木の下で」で子どもの内面を緻密に捉えて描いた。子どもの内面を描いた作品は、これまでにもあり、何も珍しいことではない。また、岩瀬のように、新しい素材を取り入れて描いてゆこうとする積極的な姿勢はみられない。

しかし、岩瀬の描いた主人公が突っ張り切れないでいたのに対し、皿海は負をおわされた主人公を読者にゆだね、最後まで負をおわせて突っきる。そんなところに、岩瀬とちがった、したたかな強さがあるのではないか。

一見、老成を感じさせるような皿海の作品の中に、案外岩瀬と同じ根を持っているのではないかと思われる。また、岩瀬が現代を切りとり、皿海が普遍的な世界でもって、主題を追っているところにも興味深いものをみる。

ところで、七〇年代の流れの中で特筆すべきことは、灰谷健次郎とさねとうあきらの登場である。彼らは場こそちがえ、ともに子どもを通しての生活体験の中から、子どもの欲求を汲みあげ、子どもに教えられる本音の部分で児童文学にかかわりをもってきた。そして、両者の文学への出発点には、徹底して子どもの立場に立ち、大人への「子どもの代弁者」となろうという意気込みがみられる。しかし、子どもに対する認識の仕方には、両者の間に大きな差があり、それが作品の性格を異にしているといえよう。

灰谷は七四年、「兎の眼」を発表し、その後意欲的に作品を発表してきた。中でも「兎の眼」は、現代の教育現場がかかえている問題を生のまま出し、その中で生きる教師と子どもの苦しみ、悲しみ、それらを取り巻く社会状況、価値観の多様さ、そういったものを教師の眼を通して描いた。いわば現代社会がかかえる、教育問題の原点に当たる部分を、子どもの側に立って真実を伝えた。

「太陽の子」は沖縄の問題を絡ませ、沖縄人として生きてきた人びとの痛み、苦しみを、主人公ふうちゃんの眼を通して描き、沖縄人の立場に立ち、日本における沖縄とは何であるかを読者に問いかけ、「兎の眼」同様話題をまいた。

その作品の魅力は、現代社会でかかえている問題を真正面に捉え、その中で痛みや苦しみをもつ人間の真実を語っている点にある。もちろん、作者の子どもへのやさしい思いやりや、自らが主体的に行動する姿勢、その根底に流れるヒューマニズム、そして説得力のある文章によって、言葉に実感性をもたせ生き生きした子どもたちを描いた点は見逃せないが。

一方、灰谷は「今日的な世の中というのは、おとなが寝ていて……そのしわ寄せがみんな子どもに来ているような状況だと思うんですよね。だから子どもは非常に苦しい戦いというか、戦場におかれているみたいな状況がある」といい、その今日的社会状況に対して、「子どもは必然的に反抗的にならざるを得ない」という。

その子どもの立場から、大人に対して子どもの本音を語っている作品として、最近の「ワルのぽけっと」をはじめ、「ろくべえまってろよ」あるいは「ひとりぼっちの動物園」といった作品がある。が、それらの作品により灰谷らしい姿勢をみる。また、作品からもその意気込みが伝わってくる。そして、これらの作品は、子どもの反抗が直接言葉によって描かれてはいないが、その作品の根底には大人社会に対する酷しい批判がこめられている。

こうした点からみれば、「兎の眼」あるいは「太陽の子」は、どちらかといえば子どもの世界が十分描かれてはいなかったのではないか。しかし、灰谷の姿勢は、人間へのやさしい思いやり、子どもの本音を語る点で一貫しており、その姿勢が今日の社会状況を鋭く批判し、児童文学のあり方に大きな影響を残したといえよう。

ところで一方、児童演劇の世界にかかわっていたというさねとうあきらは、児童演劇を通して得た子ども観を、「子どもは、かわいらしいものでも愛すべきものでもなく、対決すべき対象なのだ。彼らにも生きていていろいろ言い分があるだろう。そしてぼくの方にも言い分がある」という。そして、さらに自分のもっていた価値観と現代の子どもの価値観が、はっきり食い違っていることを見い出し、「そのくいちがいをくいちがいとして双方で確認しあうことと、本音を出してゆくことがまず必要ではないか」という。

この子ども観は、灰谷とあきらかに異なる。灰谷の場合が、もっぱら人間のやさしい思いやりを問題にしているのに対して、さねとうの方は、もっと人間の根源的なところでもっているエゴイズム・怨念・欺瞞といった、隠された部分を掘りおこし、人間の本音を追求している。

たとえば、「地べたっこさま」の中のかわ商人の残酷さ。ほていどんに一揆の際、旗を持たせその責任をおっかぶせる村人たちのエゴ、あるいは山賊の頭の怨念といったものでみることができる。また、「神がくしの八月」にみる大人の子どもに対する残酷さ。これらは、人間のもつ残酷さを痛烈に告発するとともに、大人の欺瞞を鋭く抉り出す。

このかなり徹底したきびしい態度は、「本音を出してゆくことが必要だ」とする、さねとうの児童文学に対する基本的な姿勢であり、また、さねとうの文学にそれが基調として流れている。

これまでしばしばさねとうの文学は、斎藤隆介と同じように創作民話というレッテルが貼られてきたが、確かに、その手法は斎藤隆介と同じ単純化したものを使っている。しかし、さねとうの場合、そうした手法を使うには、それなりの必然性がある、というよりあったのではないか。

それは、さねとうの描く人間が、人間の本音の部分に深く入っていけばいくほど、そこにあるいやらしい面もいい面も抉り出さずにおかない。それには、リアリティをもたせた現実性のあるリアリズムでは、もはや児童文学として成り立たない世界といえよう。

もともと児童演劇で出発したさねとうは、その「劇団は、翻訳児童劇の劇団ですから、創作児童劇というのは出しにくいところ」だった。こうしたさねとうを考えれば、当然そこに民話のもつ単純化した形式を取り入れて、書くしかなかったのではないか。その点からすれば、斎藤と同じ方法をとったといえるかもしれない。

だが、たとえば細かい構文の問題から言葉の選び方、ストーリーの立て方、どんでん返しのさせ方、あるいは、観客の疲れた気分を変化させる点、「ドラマツルギーは、子どものこまかい心理と生理から発した法則みたいなものがある」という、さねとうの手法は、演劇から学び影響されているものが多分に生かされ含まれている。したがって、斎藤とは多少ちがった部分があるのではないか。

このことについて、ここでふれる余裕がないが、いずれにしても斎藤隆介が人間の原理を図式的に示したのに対し、民衆のエゴ・民衆の捉え方、あるいは怨念といったものを描き、斎藤の世界をさらに拡げ、七〇年代の児童文学に大きな足あとを残してくれたことは、高く評価されるであろう。また、これまで格好いい人間を描くことの多かった児童文学へ、人間の内面を深く掘り下げ根源的なところを描き、本音の部分を語ったのは、やはり、さねとうである。そして、そこにはさねとう独自の世界が鮮明にあり、特異な存在として、七〇年代において灰谷健次郎とともに際立っていた。

なお、七〇年代の新人作家でふれなかったが、印象に残っている作家に、菅生浩、三田村信行、松田司郎、飯田栄彦、しかたしん、那須正幹、中野みち子らがいたことを書きそえておく。

（「日本児童文学」一九八〇年四月号）

9 「宿題ひきうけ株式会社」——古田足日 作

「さようなら未明」の評論で童心主義を否定した古田足日氏は、同論のなかで表面的な社会批判ではなく、今日の日本の置かれている状況を書いた児童文学を切望している。だが、それには善太と三平のように日常性を肯定するのでなく、彼らの何気ない遊びの生活のなかで彼らがむしばまれていくことを書かねばなるまい、とのべられた。

このことは子どもを、現実に生活している社会環境とのつながりにおいてとらえる、ということであり、生活している社会環境を無視することは、リアリティーを否定することにつながる。古田氏は、この課題に対して自らそれに答えるために「ぬすまれた町」「うずしお丸の少年たち」を書いた。その後、これら二作品がもっている未整理の部分を再検討し、児童文学として一応形をととのえた最初の作品がこの「宿題ひきうけ株式会社」である。

古田氏自身この作品の「あとがき」でのべておられるように、一九六二年から六四年にかけておこった全電通の合理化法案に反対する運動を一つの下敷とし、さらに、古くて新しい教育界がかかえている問題、テスト主義と評価問題、および宿題の問題をもう一方の土台として、実際におこなわれていた授業の記録を積みあげることによって、現実の社会がもつ矛盾を明らかにしようとしたのがこの作品である。このこころみは、従来なかったものであり、現実社会の生々しいできごとを児童文学の世界へ持ちこんできたということである。それも単に作品の背景の一部として、社会科資料としてでなく文学作品として持ちこんできたという点において、この作品の意義が認められるのである。

この作品は三つの章からなり立っている。第一章は、宿題ひきうけ株式会社を設立させ、後にその会社を解散させるという表題そのものの部分である。この第一章は実に多くの問題を含んでいる章である。五年生であるタケシ・ヨシヒロ・アキコたちは、学校で出された宿題をするためにタケシの家に集まるが、そこへサブローが一つのニュースを持ちこんでくる。学校時代ろくに勉強もしなかったテルちゃんがプロ野球に一千万円でスカウトされたというのである。こうした話は現実に耳にする話である。このニュースがもとでタケシたちも金儲けを考えるのであるが、それが宿題ひきうけ株式会社である。

タケシたちの話はまとまり、宿題ひきうけ株式会社は発足し少々ではあるが利益（?）が生まれる。しかし、ミツムラの発言によって先生に知られることとなり解散を命じられる。この時点でタケシは、「いまになって考えてみると、宿題ひきうけ株式会社のしごとはけっしてよいことでなかった。だが、そのよくないことを、なぜタケシたちはずっとやってきたのだろうか。心のどこかに、このくらいのことはしていいんだ、という気持ちがあったからだ。みんなが、ちゃんとしてくれば……やらなかったさ」と自問自答している。なぜタケシはこんな言葉によって自らをなぐさめなければならなかったのか。

このことは、古田氏自身が宿題というものをどう考えていたかということである。タケシの「心のどこかに、このくらいのことはしていいんだという気持があった」ために会社の仕事が続けられてきたということは、宿題というものは与えられた以上個人がそれをするものだ。与えられた本人が解決すべきだという概念が古田氏のなかに存在していると考えられるのである。もちろん、この考え方は日常的な常識である。この点に対し小沢正氏は「日本児童文学」一九六九年八月号に、「せめて先生だけにでも、宿題ひきうけ株式会社員として論理を展開し、堂々と対決してくれたらよかったものを……」とのべておられる。この意見に私も賛成である。この時点において、宿題のもつ本質についての考え方に対し、彼らなりの反論をなすべきであろう。

彼らが、それをせずに先生の命令をすんなり受け入れて会社を解散させたのは、古田氏自身現実におこなわれている宿題という問題を人間教育という場でとらえ、その本質的な面で批判するのでなく、単に子どもに対する過重な負担という面でのみとらえているためではないだろうか。

この点について、第三章の終末部分をあわせて考えてみると、「タケシたちはサクラ市のぜんぶの小学校の先生や父兄代表と市の教育委員会へ請願にいき土曜日を宿題を出さない日にきめてもらってくる」。なぜ古田氏は、この宿題問題をこうした請願の形をとって、教育委員会という権力機構の力において解決しなければならなかったのか。

今日の学校教育のかかえている問題点は、入学試験、テスト主義による五段階評価、教育予算の不足、国家権力による教育内容の統一化など幾多の点をかかえている。もちろん、宿題の問題も含まれる。しかし、宿題の問題と前にあげた学校教育がかかえているいくつかの問題とを同列に考えることはできないのである。

入学試験制度、五段階評価、予算および権力による教育内容の統一化という問題は、法令などによって規定されたものであり、一個人の力ではどうにもならない問題である。この問題に対して、全市の教員や父兄代表が団結することには十分意義がある。しかし、テストとか宿題というものは、これらの問題から発生してくる問題であって前記の問題と同列になるものではない。

今日の学校教育においては、宿題は教師自身の主体性においてなされる問題であって、決して教育委員会や国家が制度としてきめたものではない。従って「宿題のない日を作る」運動が教育委員会へ矛先を向けたのは理解できない。また、その運動の中へ父兄代表が参加しているのもおかしい。

たしかに、子どもたちはサブローの母親がいうように「……やれじゅくだ、テストだ、宿題だとせめたてられている……」。しかし、これはだれが攻めたてているか、といえば子どもの両親である。現に宿題を出して欲しいと学校へ要求するのは、教育委員会でなく両親の側である。しかも、「宿題のない日を作る」運動においては、父兄代表が参加している。ここに一つの矛盾がある。この矛盾は古田氏の現実の状況認識の甘さによるものであろう。

このことは、児童像についても同じことがいえる。この作品の中心人物であるタケシをはじめ会社の連中を考えてみた場合、きわめて抽象化されてしまっている。会社成立から、市の教育委員会へ請願にいく運動と、一連の事件の中心に常に位置している会社の連中ではあるが、まったく個性が描かれていない。ただ、思いついたらすぐ実行してみるという子どもらしさはあるが、彼らの日常生活から作り出される顔というものが感じられない。特に第二章以下においては単なる優等生的な存在となってしまっている。

会社設立当時にみせた、目的に向かって行動するバイタリティーや個々のもつ能力に応じて役割を果たすといった個人差がなくなっている。このことは事件の多様さとストーリーの発展に追いまわされてしまって、その中に存在する個性が流されてしまっているからである。

この点、ヨシダの児童像は生き生きと描かれている。多くの弟妹をもち、階段はこわれているし、窓ガラスは新聞紙が風に鳴っているアパートに住む彼は、ミツエの言葉を聞いて「金をとるなら信用できるな……」と答える。彼は作品の中心人物ではない。しかし、彼は現実の社会がもっている実態をある程度認識しているのである。多くの子どもが両親そろった家庭にいて、勉強だけをすればよいという条件のもとで、わがままに生きているのと違い、自分の手で金を儲けているのである。その彼は、弟のミノルが書いた詩、「ぼくはさんまをたべたい/まるまる一ぴきたべたい」を読んで腹を立てたのである。「たべたけりゃ、泣きごとならべずに手に入れる」これが彼のもつ人生観である。

彼は自分の置かれている現状を認識し、自分の生きるべき方向を一応はっきりもって行動している。その是非はともかくソロバンの力を、日本一にして就職するという彼である。だから、先生が宿題について「やってもらったらきみ自身こまることになるんだぞ」といったのに、堂々と自己を主張できたのである。そこには、日常生活からくる生きることに対する力強さが感じられる。

これに対し、タケシら会社の連中はこの生活のエネルギーに欠けている。このエネルギーのなさが、あっさり会社を解散させたのであり、宿題のかかえている本質的な問題を見失わせてしまったのである。

このことについてヨシダは、「へいきです。ぼくんちのアパートのおとななんか、クウェートがどこにあって、日本が石油をどこから輸入しているかなんて、だれも知りやしない。でも、なんとかなってるんです……」とのべている。これに対し先生も作者自身も、何ともいっていない。この一言こそ、今日の学校教育がかかえている根本的な矛盾をつきさしているのにかかわらず、あっさり聞き流されてしまっている。

今日の学校において教育されている内容は、現社会に出た場合、あまり利用価値のないものが多いといわれる。これは入試などの受験問題が存在するため、より多くの表面的な知識をつめこませるだけの教育がいきおい中心的となるのであり、そこからまた宿題の問題が発生するのである。

三宮先生の授業に対するミツムラの「……ちゃんとした授業やってください。ぼくは学校に勉強しにきてるんです」という一言からしても、学校の勉強は教科書の理解だという観念がうかがえる。この発言に対して、三宮先生は「いまやっていることの方が大切な勉強だぞ」といったきりである。

こうした現実の教育問題を二つの側面から、するどく指摘した発言がありながら、簡単にこれを見すごしてしまった点に、この作品が教育のかかえている問題を、もう一歩深く掘りおこすものとならず現象的なとらえ方に終ってしまった原因がある。これは同時に、古田氏の教育に対する考え方が常に権力側からの統制という面に向けられているためではないだろうか。

第二章は、今日の実態を過去と未来の接点として考えるという提題である。ともすると、私たちは現在という時点にのみこだわって、物事を歴史の流れの中にとらえることを忘れがちである。私たちが今日常識的に考えていることが過去の世界では夢のようなものであったり、未来においては、その常識は通用しないものになってしまったりするであろう。

古田氏は、三宮先生の授業を通して、この物の見方考え方の大切さを理解させようとしている。しかし、この授業は未来社会ではどうなっているか、という時点にポイントを置きすぎたために、歴史の流れのもつ重要さ、そこにおける人びとの役割が影になってしまった。したがって、現実の社会がもつ矛盾をどうとらえるか、の点で大きな弱さとなってしまっている。そのためにヤマト電機と全電通における合理化の問題が、タケシたちとの生き方とどうかかわり合うのか、という理解がなされないまま、単に、一つの社会問題としてのべられる結果となってしまった。万屋秀雄氏は「児童文学評論」四号（大阪新児童文学会）の中で、「テスト主義教育の矛盾と企業合理化を等質の問題として把握し、それらが相互につながりあっていること、それが現在日本の教育の状況そのものであることを立体交叉させながら語りかけている」といわれる。

だが、先にもふれたように、子どもたちとの生き方とのかかわりにおいてとらえられなかったために、学校教育の持つ矛盾と企業合理化のもつ矛盾との、本質的なかかわりをヨシダ一人が彼の人生観の上で体験したにすぎない。彼はキッカワさんの話を聞いて、「よし勉強するぞ。その勉強はただ学校の勉強だけではない。会社や世の中のしくみがどうなっているかということも勉強しなければならないのだ」というのである。彼はソロバン日本一になってヤマト電機へ就職する夢は破れたが、もっと深い本質に向って進む目標が出来たのである。

これに対し、タケシたちは、単に言葉の上での理解に終ってしまっている。ここに古田氏のねらった歴史的な立場に立っての理解という目標が崩れてしまった原因がある。

これら提題された幾つかの、問題の解決が第三章である。この章は、校内新聞とボス追放問題から始まる。タケシたちは校内新聞のあり方を変え、日常生活から生ずる問題解決の場へと、内容をもっていくのである。この新聞の力が、やがて校内の「ボス追放」に結集されて、ボスをあやまらせるのである。

この解決の方法は、集団の行動である。人びとのエネルギーが結集されて、一つの集団として行動することによって解決する。その原動力となるのが校内新聞ということである。確かに集団のエネルギーは巨大である。この集団のエネルギーが、やがて企業の合理化問題・宿題のない日を作る運動を解決するのであり、入学試験・通知表などのあり方にまで、問題のメスを入れることになっていくのである。古田氏特有の団結の力による勝利に、この作品は終る。だが、この解決方法には問題が残っている。それは、集団の周辺ないし外部に存在する人びとの存在である。

この作品では、ヨシダが常にタケシたちの集団の周辺に位置している。しかし、彼の生き方の方が、タケシたちより現実的であり、生き生きとしている。しかも彼の存在は二次的な扱いしかされていない。また、ガリ勉家ミツムラの存在はどこかへおき忘れられている。むしろ、こうした子どもの方がより多く問題を抱えているにもかかわらず、あえて、これを無視、ないしは副次的な問題として深くほりおこさなかったのは、一つにはこの作品を「おもしろく読める」ものにする目的があったためと考えられる。

古田氏はこの目的のために、折角提起された今日の社会問題や、学校教育がかかえている諸問題を一面においては鋭く指摘しながら、その取り上げ方は実に単純化された形に置いてしかなされなかった。この点に作品が、表面的な社会批判に流れユーモア小説的存在になってしまった原因がある。

古田氏は、目の前に存在する子どもの心理のとらえ方は巧みである。しかし、子どもたちの実態を摑む上で、その共通性を重視されたために、主人公のイメージがあいまいなものとなってしまった弱さがある。だが、そのために読者は抵抗なく作品の中へ入り込めたし、自分が主人公的立場に立って読むことが可能になっている。

一方、子どもの大部を引き付けるために、子どもの好む冒険心、日常生活の中で抑圧されたエネルギーのはけ口などを、用意することによって子どもの読書欲を満足させている。と、共にその解決のテンポのよさ、困難な問題に対しても明るく無難に乗りこえていく主人公のバイタリティー。これらの布石をあまりに都合よく整えすぎたことが、この作品をユーモア小説的作品へと流してしまっている。勿論、ユーモア小説そのものを否定するものではないし、児童文学にとってかかせない一つの要素である。また、子どもたちが読んで面白くあればそれはそれなりの意義がある。

しかし、従来の作品になかった今日の社会が抱えている多くの問題に、真正面から取り組み、それを児童文学の中に位置づけようとした作者の意欲が高く評価されるだけに、面白さの追求にポイントが置かれ、問題の掘り下げがあいまいにされたのは残念である。また、その解決方法がきわめて概念的なものになっている点もひっかかる。

その原因は、作者の問題に対する姿勢であろう。この作品のまえがきにおいてすでに明確にされている。

——もし、きみがニンジンがきらいだとしても、ニンジンはたべなければならぬ。でも宿題がきらいだとしたら、考えなければならぬ。そして、ニンジンと宿題はどこがどうちがうかということも。なぜ、作者はニンジンを無条件でたべろといわなければならないのか。なぜ宿題は考えなければならないのか。この両者に対する作者の考え方は何か——

このまえがきは古田氏自身のものの見方を明確に表現した一文である。未明のもつ童心主義、象徴童話を否定した古田氏自身リアリティーという問題に対して、社会性集団行動という、一つの固定概念で児童文学をとらえようとされていると考えられる。もっと子どもの一人ひとりの個性を重視する必要があろう。たとえ、それがニンジンであったとしても、子どもはなぜ嫌いな物をたべなければならないのか、という疑問が許されてもしかるべきではないのか。この疑問の余地すら許さず、嫌いだとしてもニンジンはたべなければならぬと決めつけてしまっている。そしてそのあと、「ニンジンと宿題はどこが違うか、どう違うかということを考えてごらん」とまえがきは子どもに問題を投げかけている。これだけの余裕を持つならば、ニンジンをたべることの意義そして宿題のもつ意義を子ども自身に分析させることの方が大切ではないだろうか。

では、本文中においてこのニンジンと宿題の問題をどう解決しているのであろうか。

タケシたちと受験勉強一辺倒のミツムラとの関係、およびヨシダの存在。この両者の関係は常にタケシたちの行動の外におかれ、あまり重視されていない。しかし、今日の実態から見た場合、ミツムラ的存在やヨシダの存在は無視したり、極め付けてしまうものではない。にもかかわらず、作中の取り扱いはやはりつけたし的な役割にまわされてしまっている。このタケシたちの存在と、ミツムラ・ヨシダの存在を対比して見た場合、まえがきにのべられていたニンジンと宿題とのかかわりに対する作者の解答、およびニンジンはくわねばならぬといった解答が明らかになるのではないのか。

この作品がもつ役割は、現実社会の矛盾を児童文学の世界へもちこみ、これを直接子どもに考えさせる作品に作り上げたことである。しかし、他方においてその解決方法の安易さと、その矛盾の一面的なとらえ方からくる緊迫感の消失という点において、作品の深まりの面で問題を残している。

（児童文学作品論「日本児童文学別冊」一九七五年六月二〇日）

第2章　宮沢賢治と「わたし」の視点

1　宮沢賢治のファンタジー——その能動性について

七〇年代に入って、日本の児童文学も「ファンタジー」を一つの方向として注目し、取りあげるようになった。この傾向は、宮沢賢治再評価といった形で論ずる機会を作ってきたともいえる。

賢治の作品の大部分は、作者自身「心象風景」というように、ファンタジックな作品で占められている。だが、賢治作品におけるファンタジーを考える場合、単に、「銀河鉄道の夜」とか「風の又三郎」「どんぐりと山猫」「注文の多い料理店」といった、いわゆる完成度の高い作品に焦点がしぼられている（確かに、文学性＝作品の完成度という点を無視して作品論は成立しない）。

しかし、今日あまり注目されていない作品の中にも面白く興味の持てる作品が少なくない。そこで、賢治の「ファンタジーの再考」と、今日あまり読まれていない賢治作品の上にスポットをあててみたいと思う。

ファンタジーの入口で

ファンタジックな作品を見た場合、ファンタジーの世界へ通ずる通路、ないしは、そこに行きつく動機が必要である。このことは、現実世界からファンタジーの世界へ移行する過程における区切りであり、その区切りがあることによって、現実世界とファンタジー世界の混乱をさけている。たとえば、「注文の多い料理店」。二人の男が、山に迷い込み、どっちへ行けば戻れるのか一向に見当がつかない。

心細く不安な気持ちをもちはじめる。その不安につけこむように、

――風がどうと吹いてきて、葉はざわざわ、

木の葉がかさかさ、木はごとんごとん…――

と鳴って、不思議な世界へ引きこまれていく。

「どんぐりと山猫」。第一に、一郎の所へおかしなハガキがくる。このハガキが来ることによって、一郎はどんぐりと山猫のいる世界へ行く資格を手にする。この資格をもった一郎は、森の中をどんどん通りすぎてまっ黒な榧の木の森をぬけると、にわかにパッと明るい所へ出る。そこが、どんぐり裁判をおこなう広場で、

――うつくしい黄金いろの草地で、草は風にざわざわ鳴り、まわりは立派なオリーヴいろのかやの木のもりでかこまれていた――

「銀河鉄道の夜」。牧場のうしろの丘の上にいて、天空の見あげていたジョバンニの目に、

――すぐうしろの天気輪の柱がいつかぼんやりした三角標の形になって、しばらく蛍のように、ぺかぺか消えたりともったりしている――

のが見えることによって、いつのまにか銀河鉄道の乗客へと入っていく。だが、この銀河鉄道に乗るには切符が必要であり、その切符は普通では手に入らないものである。

「さるのこしかけ」。楢夫が猿にいわれた通り、栗の木の四角の穴へ入って見ると、その中にははしごがあり、上へ上へとのびている。それを一生懸命駈け上り、息が切れて苦しくてもうどうしようもなくなった頃、いきなり草原の中に飛び出す。そして草に足をからませてばったり倒れたところが、別の世

界であった。
「茨海小学校」。「さるのこしかけ」と同じような通路をふむ作品。麻生農学校の教師である「私が」、草原を歩きまわったあげく、腰をおろして休んでいると子どもの声が聞こえてくる。その声を探して走るうちに草で作ったわなにかかり草の上にどたっと倒れた。そこが茨海小学校の校庭である。

ここに五つの作品のファンタジーへの通路を紹介した。「銀河鉄道の夜」以外の作品は、いずれも、「草の中」「山の中」「木の中」の暗闇とかを通りすぎることによって、もう一つの世界へと行く。しかし、この部分を通過できるのは、誰でもいいということにはならない。

ファンタジーの世界へ行ける者は誰か

「注文の多い料理店」の二人の男は、別に好んで料理店の罠にはまったわけでない。いわば彼らの「慢」（仏教でいう煩悩の一つで、思いあがり）がもたらす心のすき間が、山猫の魔力によってかきまわされたといえる。したがって、これは他の四編とはいささか異なる。

では、他の作品では、誰もがファンタジーの世界へ行けるのか。そうではない。「銀河鉄道の夜」にしても「どんぐりと山猫」にしても、ファンタジー世界へのパスポートを得るわけにはいかない。

「どんぐりと山猫」の一郎の場合、ある土曜日に一枚のハガキが来ることによって、その世界へ行くのであるが、ちょっとした言葉のいきちがいがあったため、

——それからあと、山ねこ拝というはがきはもうきませんでした。やっぱり、出頭すべしと書いてもいいと言えばよかったと、一郎はときどき思うのです——

ということになる。

作品としての完成度は、この結末によって、すっきりしたものになっているが、ファンタジー世界への入口に立つ子どもたちは、そのことによって、その可能性が手のとどかないものへとなってしまう。いわんや、銀河鉄道に乗って空の天空を走り廻る可能性はほとんどない。

これに比べて作品の文学性はともかくとして、他の二つの作品「さるのこしかけ」と「茨海小学校」では、その世界がずっと身近で親しめる存在である。「さるのこしかけ」では、楢夫が裏の大きな栗の木の下へ行き、そこにある三つの白いきのこをみて、ひとりごとをつぶやく。

――いくら小猿の大将が威張ったって、僕のにぎりこぶし位もないのだ。どんな顔をしているか、一ぺん見てやりたいもんだ――

というと、ひょっこり三匹の猿があらわれる。ここにはファンタジー世界へ行くための、何らかの資格は存在しない。あるのは本人自身の願望だけである。

一方、「茨海小学校」の方では、茨海小学校を見た私は、

――狐にだまされたのとはちがいます…狐小学校があるといっても、それはみんな私の頭の中にあったと云うので決して偽ではないのです――

ここでは、はっきりと自分の頭の中に存在する狐の世界を見ている。このことは、狐小学校の存在を信ずる者は、すべてその世界を見聞できるということである。

「さるのこしかけ」と「茨海小学校」の共通性は、ファンタジーの世界を信ずることによって、安易にその世界へ移行できるということである。だから、ここに入るための資格は、その存在を認めるか否か

であって、パスポートという外的制限はいらない。子どもたちが求める世界はすべての子どもを受け入れてくれる世界である。一定の基準をパスした者だけが、その世界の住人となれるならば、大部分の子ども大人にとってファンタジーの世界とは、異質の世界になってしまう。同時に、作品の持つ面白さ(興味性)の範囲の内容を定義づけてしまうだろう(賢治作品にみる宗教性ともかかわりがあるが)。

ファンタジーの世界の面白さ

面白さといっても、それは多種多様であって、一概に規定することはできない。賢治作品における面白さは、第一に言葉の面白さである。

「どんぐりと山猫」を見ると、

――すきとおった風がざあっと吹くと、栗の木はばらばらと実をおとしました。……たくさんの白いきのこが、どってこどってこどってこと変な楽隊をやっていました――

「オツペルと象」では、

――稲扱器械の六台も据えつけて、のんのんのんのんのんのんと、大そろしない音をたててやっていた。白い象だぜ、ペンキを塗ったのでないぜ。牙はぜんたいきれいな象牙でできている。皮も全体、立派で丈夫な象牙なのだ――

いくらでもあげていけばきりがない。いずれにしてもこうした言葉の面白さは使いすぎるといや味になるが賢治の場合は、それが作品の雰囲気を作り出す上での役割りを果たしている。

象の牙だから象牙というのだが、ここでは、象の体の全体が象牙で出来ている、という矛盾したことをいうことによって、白象に対する話者の印象をより強烈に聞く人に伝えるという効果をねらっている。

面白さの第二は、その意外性である。「どんぐりと山猫」の面白さは、どんぐり共はてんでに自己主張をくり返し、その判決に困りぬいた山猫は一郎の助言に基づいて判決をいいわたす。


——いちばんえらくなくて、ばかで、めちゃくちゃで、てんでなっていなくて、あたまのつぶれたようなのが、いちばんえらい——

ということである。これを聞いたどんぐりどもは、

——しんとしてしまいました。それはそれはしんとして堅まっていました——


とくる。

この面白さは、判決内容の意外性である。判決を耳にした時、とっさの判断を失って一言も口にできなかったどんぐりたち。その姿の中に自分の人間としてのおろかさを見い出す。苦笑と共に作品の中のどんぐりたちに身近なものを感ずる。

だが、現実の子どもの中に、この親近感を持つものはそんなに多くない。この作品が、児童文学として読まれるのは、言葉の面白さと、どんぐりたちの口論と、その結果にある。しかし、真の面白さを感ずるのは、どんぐりを己の姿に重ねられる者でしかないであろう。

この意外性の面白さに、諷刺の要素が加えられると、私たちは単に親近感を持つだけに終らず、胸にささる痛みと、同時に自分の生き方への反省を呼びおこされる。こうなると、もはや好んでファンタジー世界へ入り込むというのではなく、その世界へひきずり込まれるという状態に変ってくる。「注文の多い料理店」がそれである。

二人の男が、腹をへらし何が出るだろう、と料理店側の注文を次々とこなしていく。読者は、この二人の男と共に、最後にあらわれる料理を想像して読み進む。だが、その料理が二人の男自身であった、という結末におかしさを感ずる。最後にこの二人の顔は、紙くずのようにくしゃくしゃになり、それが東京へ帰っても、お湯に入っても、元通りにはならなかったという。

これは意外なほど、きびしい諷刺であろう。ファンタジー世界から現実に帰って、元の自分自身に立ち戻った時においても、なお、その余韻を残している作品も少ない。

ファンタジーの面白さの要素には、ナンセンスの面白さが存在する。だが、賢治作品には、このナンセンスに基づく作品は少ない。これは賢治の作家としての生活態度と文学に対する考え方によるものであろう。この態度が、「銀河鉄道の夜」や「グスコーブドリの伝記」の作品を生み出すファクターともなり、同時にその作品の内容を方向づける結果ともなっている。

「茨海小学校」について

先に例として紹介した「茨海小学校」は、成立年月日もわかっていないような小品である。したがって、あまり広い範囲に読まれていないだろうと思う。だが、賢治のファンタジー作品としては、いや味のない明るい面白さと親近感をおぼえる作品である。

簡単に内容を紹介してみると、麻生農学校の教師である「私」が、ある日火山弾の標本採集と、野生の浜茄をたしかめる目的で、茨海の野原に出かける。半日歩きまわったが、収穫は火山弾が一つだけ手に入ったことである。昼食をとろうと草に腰をおろすと、どこからか学校のベルと子どもたちの声が聞こえてくる。そこで偶然、茨海狐小学校を発見し、授業を見せてもらう。しかし、帰りぎわにたった一つの火山弾を校長にうまうまとまきあげられて帰ってくる、というのである。

この作品を簡単にいうと、狐に化かされて大切な標本を取られた話となってしまう。しかし、この作品が、単に「狐に化かされた話」と異なるのは、賢治の社会批判を内蔵したファンタジーに昇華されていることである。

作者自身「私」の口を通して、

——そんな変な顔をしなくてもいいのです。狐にだまされたとはちがいます。大丈夫狐小学校があるということがわかりますから。ただ呉れ呉れも言って置きますが、狐小学校があるといってもそれはみんな私の頭の中にあったと言うので決して偽ではないのです。……もしみなさんがこれを聞いてその通り考えれば狐小学校はまだあなたにもあるのです——

この作者の思考が、この作品では重要な鍵となる。狐に化かされるという行為は、化かされる人間にとっては受身的な行為であって、自らの意志によって化かされるのではない。しかし、「もしみなさんがこれを聞いてその通り考えれば…」というのは能動的な姿勢である。

先にあげた「どんぐりと山猫」「銀河鉄道の夜」と比べた場合、これらの作品は、ファンタジー世界への資格が他から与えられるか、または一定の条件の下に成立している。「茨海小学校」の場合は、自己の思考によってファンタジー世界が常に存在するのであり、しかも、好きな時に行くことが可能である、ということである。

特別な資格もいらない、信ずることだけが必要な条件である。このことは、読者にとっては根本的な差がある。自らが、いかに望んでも簡単にその資格が入手出来ないならば、その世界はやはりもう一つむこう側の存在でしかない。だが、その世界が、自己の意志によって存在するということは、自己の生活の地続きにその世界があるということである。自分の立場が常に受身的なものである場合の不安定さに比べれば、主体的に行動できる立場は、自己の願望をより現実化できる条件ともなる。「茨海小学校」のファンタジー世界が、読者に親近感を感じさせるのは、この立場の違いである。

作者は、この狐小学校の存在を通して、現実の学校、ないしは社会が持つ常識化された通念に皮肉な批判をしている。


――「ご参観でいらっしゃいますか」

「ええ、ぜひそう願いしたいのです」

「ご紹介はありますか」……「画家のたけしさんです」

「紹介状はお持ちですか」

「紹介状はありませんが、たけしさんは今ずいぶん偉いんですよ。美術学院の会員です」

狐の先生は、いけませんというように手をふりました（傍点筆者）――


有名人の名前を出せば、大体が「フリーパス」になることが多い。「私」も「たけしさんは……美術学院の会員ですよ」と偉い人の名前を持ち出しているが、狐の先生はとりあわない。人間の価値は、有名か否かによって決まるものではない。だが、現実には有名なことが人間的な価値であるかのように思われ勝ちである。

また、狐小学校は太陰暦を使っていて、月曜日が休みである。さらに、大学へ進学する者が卒業生一三人中一人であるという。このことは、人間社会に常識化している休日は日曜日とする考え方、上級学校へ行くことが人間として立派と考えることに対する賢治の強い諷刺ととれる。特に、受験地獄といわれる現在の入試体制と学校教育のあり方とを比較してみると面白い。賢治が、農学校教師という立場から、いかに土に生きることが人間として貴重なことであるかを語った一面といえる。また、農学校出身者が専門教育を受け、農業から離れていく生活に対する批判とも読める（このことについては『花巻農学校の教師生活について』草野心平編、別巻第二次「宮沢賢治研究」（筑摩書房）を参照されたい）。

さて、授業内容だが、第一年級では「最高の偽は正直なり」とか「正直は最良の方便なり」と、狐の子どもたちに教えている。ところが、私たちの諺は「嘘も方便」とか「正直のコウベに神やどる」などと、その正反対の状態を指している。これは、賢治の人間観・価値観の一つの現われとみてよい。しかし、こうなってくると、「どんぐりと山猫」の判決と同じように子どもでは十分理解できない点もある。

第三年級ではこんな話がある。この学級の担任が小倉服を着た人間に養鶏の必要を語って聞かせたところ、その生徒（麻生農学校の二年生）が、狐に聞いた通りを学芸会で話をしている。「私」だけでなく、この生徒も狐と話をしていたのである。このことによって、狐小学校の存在がいっそう身近な存在として読者に迫ってくる。

この作品で注目すべきは、その面白さと意外性にある。草の罠にかかってひっくり返った「私」を見て笑うチョッキだけの子狐、半ズボンだけの子狐たちの姿。教室へ入るといきなり自分の学校の校歌を聞かされ、泣き出しそうになるのをこらえている「私」の複雑な気持ち。校長にうまうまと火山弾をまきあげられて、ほうほうのていで逃げ帰ったところ、などその面白さが目の前で広がっていく。

また、初めに「狐にだまされたのとちがいます……」と力を入れて語っているあたりなど、見落としのできないところであろう。変に説教じみた文章もなく、気楽に明るく笑えるこの作品が、あまり広く読まれていないことは残念だ。

おわりに

一九五五年代に書かれたいくつかのファンタジー作品（「誰も知らない小さな国」「木かげの小人たち」など）がある。これらの作品は、それなりに一応の評価はされてきている。しかし、日本の風土から見た場合、小人の存在は狐の存在に比べれば比較にならないほど少ない。また、小人という特定な存在とのかかわりは、日本の読者の生活の延長線上には見ることがきわめて少ない。その点、狐の存在はまだまだ生活圏内のものである（もっとも戦後の自然破壊は、私たちの生活の中から狐の存在を剥奪していったが）。

小人作品が、小人とのかかわりに作品の主体をもち、消極的にしか社会批判、ないし人間批判ができなかったのに対し、賢治がファンタジー世界を通して、人間の価値観を積極的に問いかけた姿勢は、むしろより現代的である。

私たちの日常生活が洋風化されればされるほど、日本の風土とは何か、日本民族とは何かが問われる。生活の内容が画一化され、平均化されつつある現代社会において、人びとがどう固有の文化を保てるか。自然の四季の変化とともに、土に生きた日本人の生活感情は、その土に棲む動植物とのかかわりをぬきにしては考えられない。

しかし、それらを失いつつある今日、私たちには日本の土から生まれたファンタジー作品がもっと必要ではないだろうか（過去へのノスタルジアとしてのものでなく、現代の私たちに問いかけてくるものとして）。

すべての子どもが、自由に入りこめるようなファンタジー世界を持つ作品が、より多く書かれることを期待する。

（「中部児童文学」三一号、一九七五年七月二〇日）

2 「オッペルと象」——賢治研究

賢治が「オッペルと象」を通して批判しようとした対象は何か。また、その背景にあるものは何か。この作品で第一に問題となることは、オッペルという人物をいかに見るかである。

オッペルは、農村地主が自宅を工場として資本家的傾向をおびてきた前近代的手工業＝家内制手工業の親方としてとらえることができる。したがって、近代資本主義社会における資本家とは内容を異にする。すなわち、自らの耕地を持たないで、近くへその日かせぎに出ざるを得ない農民を、労働力として使用している富農、ないしは大土地所有者である。このことから、オッペルは農村の地主階級を代表する一人と考えてよい。

さて、オッペルに対する白象の存在は一体何か。多くの批評家は、賢治の分身として、この白象をとらえている。たしかに、白象の生き方は、後の詩「雨ニモマケズ」のデクノボーに通じる生き方ではあるが、それだけで賢治の分身とすることには抵抗がある。なぜならば、デクノボー的生き方は、賢治が病の床にふし、羅須地人協会の運動から手をひき、直接農民の苦難を救ってやることができなくなった段階での、賢治の理想とした生き方であって、それ以前においてすでにデクノボー的生き方を理想的な生き方としたとは考えられない。

では、白象は何であったか。それは、自分を含めて、農村に生きる、素朴で、善意にみち、精いっぱいに生きている農民、つまり賢治の人間観から作り出された農民像であり、これを代表するものが白象である。しかし、現実に賢治が農村社会に飛びこみ肌で感じた農民は、賢治の理想とした農民像とはあまりにもかけはなれていたのである。ここに、賢治自身の農村社会における活動が十分農民に理解されなかった原因がある。このことが、この作品を書く上で、オッペルと農民・ないしは現実の農村社会における地主と農民を主題とせず、白象に代表される農民と、オッペルに代表される地主階級との対比において主題をとらえようとした理由である。このことは、賢治自身が現実の農民の生き方をも批判しているからである。もちろん、地主階級に対する批判は当然であるが、この作品においては、地主・百姓を含んだ農村社会に対する批判と考えることが妥当である。しかし、この批判が、最終的にはオッペルの死という形で決着がつけられたのは、この問題が農村社会という場の問題であったからである。賢治にとって、農村社会は生活の根底をなす場であり、そこに生きる農民の幸福をかちとるためには、単に地主階級を批判するだけでは真の問題の解決にはならない。すなわち、死で表現される最終的な手段においてのみ解決できる問題であると考えたからである。

では、なぜ賢治はその行動を白象にやらせなかったのか。賢治が、オッペルと象との関係を、搾取する者と搾取される者との対比においてとらえていたとすれば、すなわち、利害が対立する二つの階級の対立として＝社会主義思想に基づく階級闘争としてこの問題をとらえたならば、当然その解決への行動は白象自らがなしとげたであろう。しかし、この白象は、自らに課せられた過重な労働を批判することなく甘受し、自ら死に追いこまれる状態にありながら、なお、一一日の月を見て「もう、さようなら、サンタ・マリヤ」というだけでしかなかったではないか。このことは、あきらかに賢治自身が、この問題を階級闘争として社会革命としてとらえていなかったということを意味している。

では、賢治はこのオッペルと白象の関係をどうとらえていたか。それは、仏教に基づく「善意」ないしは「慈悲」という関係でとらえていたといえる。賢治が農学校教諭としての職を持ち、そのかたわら農業技術・肥料などのことを農民に指導している。この行為は彼の善意に基づく行為だった。すなわち、農民の善意を信じ、自ら善意でもって農業指導にあたったのであるが、現実の農村社会は、彼の善意をそのままの形で受け入れてはくれなかったのである。

賢治と農民との間には、一種の違和感が横たわっていたのであり、さらに、人間の善意のみでは解決のつかない社会体制からくる圧力というものが存在していたのである。しかし、それらの問題を賢治は何とか仏の持つ慈悲の力で解決できないかと考えたところに、この作品の主題がある。

すなわち、オッペルに代表される地主階級及び現実の農民に対する批判の根底をなすものは、この「人間の善意」といえる。オッペルの白象に対する行為は、白象のもつ善意を裏切るものであるとしての批判であり、否定であった。オッペルは白象の自発的労働行為に対して搾取という形で対応したのである。そこには、もはや白象の善意というものはオッペルによって裏切られている。

賢治が商人を特に嫌っていたことは、多くの批評家の指摘するところである。それは農民＝生産者を搾取する存在として否定していたと同時に、生産者の素朴な善意をも裏切る行為を平然としているという点にもおかれている。

この作品の主題をささえているものは、賢治の考えた人間の善意＝仏の慈悲というものである。いいかえるならば、仏の慈悲というものを通して、賢治は現実の農村社会を見ているということである。したがって、地主階級を代表するオッペルその人に対して怒りを持っているのではない。この作品におけるオッペルの描き方の中には、オッペルを悪人扱いしている場面は出てこない。このことは、オッペルという人間を否定しているのでなく、オッペルという人間の行為そのものに対しての批判であり否定であるといえる。いうなれば、この作品全体に流れているものは、宗教に基づく仏の慈悲であり、人間の善意というものである。

第五日曜の章における白象の行為、及び、白象が助け出される経過について考えてみると、ここにおける白象の生き方は、仏教でいうまったくの他力本願的な生き方である。どんなに苦しくても自分の苦境に対して何ら不平不満を述べたりはしない。オッペルの白象に与える藁の束が、初め一〇把であったのに、それが三把にへらされても、一〇日の月に向かって、「苦しいです」といっただけであり、一一日には、藁も食べずに月に向かって「もう、さようなら」というだけであった。

この態度は、ひたすら仏の慈悲にすがって生きようとしている態度であり、仏の力を信じて疑わない信者の姿である。白象が月に向かって「さようならです」といった時、月は「仲間に手紙を書いたらいいや」と笑っていった。白象が「お筆も紙もありませんよう」としくしく泣き出した時、「そら、これでしょう」と赤い着物の童子が目の前に硯と紙を捧げて立っていたのである。ひたすら仏の慈悲を信じ、ふらふら地べたに倒れた白象に対し、仏は救いの手をのべたのである。赤衣の童子の持ってきた白象の手紙を、沙羅樹の下で見た仲間の象たちは、一斉に立ち上がって、「オッペルをやっつけよう」と山をくだってくる。

一体、この仲間の象たちの実体は何だろうか。

これこそ仏の化身、ないしは仏弟子の化身であると考えることが可能である。月は白象に「……仲間へ手紙を書いたらいいや」と笑っていたが、この場合、仲間は白象に代表される賢治の農民像に基づく農民ではない。なぜならば、賢治の農民像に基づく農民は、善意に満ちあふれ、素朴な心情をもち、それによって自己の生活を精一ぱい生きる農民であり、たとえ悪人といえども、力でもって悪をたちきるのではなく、ひたすら仏の慈悲を信じて生きている農民だといえるからである。

いうなれば、この世の善意を定めるのは、仏の力であり、悪を打つのも仏の慈悲と考えるからである。したがって、この場合、仲間の象たちは、仏自身ないしは共に仏につかえる信者としての仲間である。このことからも、白象自身も仏の化身、ないしは仏につかえる信者であるといえる。

どこからともなく、どういうわけかわからないが、ぶらっとオッペルの工場へあらわれる白象の行為は、仏がオッペルのもとへつかわした使者と見ることも可能である。同時に、赤衣の童子についても仏の使者としての童子、ないしは仏の脇侍の化身であると考えられる。

月が白象に対して「……仲間へ手紙を書いたらいいや」と笑っていうことによって、この赤い着物の童子が硯と紙を持って白象の前に忽然と現われる。すなわち、月の命令によって、この赤衣の童子は出現し、白象の手紙を仲間の所へ持っていってやる。このことは、赤衣の童子が、月＝仏の使者としての存在であることを意味している。

白象が月に向かって、日々の労働を感謝し、月に向かって自分の苦しみを語るのも、月を仏とする考え方によるもので、この作品における月は、下界の出来事を常に見きわめているもの＝仏としての存在であるといえる。

こう考えてくると、私たちはここで一つの仏像を思い出すことが可能である。すなわち、象に乗った普賢菩薩である。

普賢菩薩は法華経や華厳経に説かれ、文珠菩薩と共に菩薩の最上位にあると考えられているが、それはこの二尊が慈悲（普賢）と知恵（文珠）をつかさどっているからである。また、普賢菩薩が象に乗り、文珠菩薩が獅子に乗っているのは、それは象や獅子のように猛々しい獣を馴致して、服従させる力を示すのであろうか。慈悲と知恵の力は無限である。この精神の能力によって如何なる猛獣も、如何なる悪魔も征服することが出来るという意味でもあろうか……。

まさに、賢治はこの作品を完成させる時点において、この法華経の重要な仏である普賢菩薩の存在を考えたといえる。仏の持つ広大無辺の力というものを信じてやまない賢治の心が、この作品の根底におかれているということが考えられる。賢治のこの仏に対する絶対的な信頼が、白象の存在を成立させる根源であるということである。

この作品の主題の前提となっているものは、農村における地主と農民の対立関係ではなく、仏の力の偉大さという点にあると考えることが可能である。

この点、「今昔物語集」や「日本霊異記」などにのせられている仏教説話に共通する要素を十二分に含んでいる。しかし、この作品が「今昔物語集」などにのっている仏教説話と異なる点は、仏の慈悲ないしは利益といったものを、生のまま作品としないで、現実の農村社会の内部に存在する矛盾をいかなる方法で解決するかという問題を通して、仏の慈悲の偉大さを語ろうとした点にある。すなわち、「ある牛飼い」の話を通すことによって単なる仏教説話としてでなく、一つの文学作品へと高めていったのである。

これまでに述べてきたように、この作品は、賢治の信仰に基づく人間の生き方と、仏の持つ慈悲の深さに裏うちされた、農村社会の批判を主題とした賢治文学における仏教説話である。

（本稿のみ「賢治研究」一〇号、宮沢賢治研究会編、一九七二年四月所収）

3　グスコーブドリの伝記について

「グスコーブドリの伝記」を、宮沢賢治の全作品中で最高の傑作だという批評家は、実に多い。もちろん中には最高の傑作だとはいいがたいという人もいる。しかし、その人びとも、この作品がよく書かれているということを否定しているものではない。

だが、読者の側からすると、宮沢賢治の作品というと、詩では「雨にもまけず」であり、童話では長編の「銀河鉄道の夜」や「風の又三郎」などをすぐ思い出す。

では、作者はこの作品を通して何をいおうとしたのか、また、幸福ということについてどう考えていたか。

第一に「グスコーブドリの伝記」のモチーフは、一体なんであるのか。さらに、「ペンネンネンネンネン・ネネムの伝記」との関係はいったいどうなっているのか。また、改作か否かなど、この作品には問題が多い。

では、この作品は「ネネムの伝記」の改作か否かということになると、これまた、改作だという人もあれば、それに対して改作ではなく違った発想のものであるとする人もいる（後者の方がだいたい一般的である）。

もちろん、その中間の考え方を持っている人も多くいることはまちがいないであろう。しかし、それが改作か否かを問わず、宮沢賢治が「ネネムの伝記」を全て捨てきってはいないで、それを「ブドリの伝記」を書くにあたって、少なくとも活用していることはたしかである。

この点について、小西正保氏は「『ネネムの伝記』が賢治の胸中であたためられ、熟し熟して『ブドリの伝記』となったものではなさそうだ。おそらく、賢治は『ネネムの伝記』は自分でも気に入らず、どこにも発表するつもりはなかったのだろう。そこで、後年『グスコーブドリの伝記』を構想するにあたってそのシチュエーションの一部、あるいは部分的な描写をそのまま『ブドリの伝記』の方へ転用したのであろう」(宮沢賢治の位置「トナカイ村」四六号)と、いっている。

また、中村稔氏は、「『ネネムの伝記』を、ブドリの伝記の母胎ないし、第一稿とみることは無理である。単に、一、二の挿話を共通するに過ぎない。まったく別の物語と考えることが、おそらくグスコーブドリの伝記の理解のためにも必要であろう」(定本宮沢賢治・七曜社刊)と、いっている。

しかし、ここで「ブドリの伝記」が「ネネムの伝記」の改作か否かを論ずることはさけたい。なぜならば、改作か否かについて論じてみても、「ブドリの伝記」を書いた賢治のねらいは明らかにならないと思うからだ。むしろ、「ブドリの伝記」と「ネネムの伝記」のちがいを明らかにすることによって、「ブドリの伝記」を書いた賢治のモチーフなりねらいなりといったものが、より明確になるのではないか、と考えるからである。

このことは、二つの伝記の共通部分が「ブドリの伝記」のモチーフを決定する上で重要でない、といっているのでは決してない。何らかの重要性なり必要性があったればこそ作者は、その部分を転用したのであると思われる。しかし、それ以上に重要な部分は、やはり、「ネネムの伝記」にない部分ではないかと考えられる。

この二つの伝記を比較してみると、共通する部分は二ヵ所しかない。その他に筋のはこびとして、同じような展開の部分が多少みられるが、ほとんどそのままの形で（固有名詞以外はまったく同一とみなしても大差ない）転用されている部分は二ヵ所である。

第一の共通部分は、冒頭からブドリが森林をぬけだし野原へ出るまで、すなわち、第一章と第二章にあたる部分である。

――ブドリが一〇になり……その年は、お日さまが春から変に白くて……

五月になってもたびたび霙がぐしゃぐしゃ降り、七月の末になっても一向に暑さが来ないため、去年播いた麦も粒の入らない白い穂しかできず、大抵の果物も花が咲いただけで落ちてしまったのでした。……みんなでふだんたべるいちばん大切なオリザという穀物も、一つぶもできませんでした。野原ではもうひどいさわぎになってしまいました――

こうした天候の異変による凶作が二年続いたことよって、ブドリの父も母も森の中に消え、平和だった家庭は根底からくずれてしまう。そして、あとに「イーハトーブてぐす工場」が作られて、そこでブドリは網なげをして暮らすことになる。

しかし、その後が異なり、「ネネム」の方は金をためて、野原の方へ山をくだるだけであるが、一方「ブドリ」の方は、その年の冬、家の中で本をみつけ、それを読んですごしたのである。

――まるで読めない本もありましたし、いろいろな樹や草の図と名前の書いてあるものもありました。

ブドリは一生けんめいその本のまねをして、字を書いたり図をうつしたりしてその冬を暮しました

――

ところが、この「イーハトーブてぐす工場」も次の年に火山が爆発することにより閉鎖され、ブドリはとうとう山をおりて野原へ出ることになる。

そして、両伝記の主人公とも結果において、山をくだって野原へ出るのであるが、「ネネム」の方は金をふところにして、職をさがして出るが、「ブドリ」の方は再度の異変によって、山の生活を捨てざるを得なくなって野原へ出る。ただし、ブドリの頭の中には、学問の一部がつめられていたことに注意しておく必要があろう。

野原に出たブドリは「山師をはる」といいはっていた農家に住みつくことになった。しかし、凶作の連続によって、その農家はだんだんかたむいてしまった。そしてブドリの仕事もしだいにへっていった。

——「ブドリ、今年は沼だけは去年よりは三分の一減ったからな、仕事はよほど楽だ。その代りおまえはおれの死んだ息子の読んだ本をこれから一生けん命勉強して、いままでおれを山師だといってわらったやつらを、あっと言わせるような立派なオリザを作る工夫をして呉れ」そして、いろいろな本を一山ブドリに渡しました——

こうして勉強したブドリは、その夏、オリザの病気を木の灰と食塩を使ってくいとめた。しかし、この努力も日でりとかんばつの連続によって、すべてが消失してしまう。この結果、ブドリはその農家を去り、イーハトーブの市に向かって出発することになる。これが、この作品の前半の部分である。

ここでいえることは、農民の生活というものがいかに自然の力によって左右されるかということである。「ネネム」の場合も「ブドリ」の場合も、凶作による家庭の破壊というものが直接の原因で、住みなれた山の生活を捨てることになるが、「ネネム」はそのままイーハトーブの市に行ってしまうのに対し、「ブドリ」はその後も何回となく凶作、かんばつの試練をくぐっている。そして、その中から農民の生活を肌で感じとったのである。

したがって、後半の部分で両者の生き方、および人生観が異なってくるのもこうした生活体験の差があったからである。

当時の農民の農耕生活というものは、すべて自然のもたらす変化に対して、ほとんど打つ手のないような状態であったと考えられる。過去の生活体験にもとづく、生活の知恵によって、その場をなんとか切りぬけていたであろうが、それがひとたびかんばつ、水害、病虫害などの被害を受けると、その生活が極端に悪化したにちがいない。ブドリの両親といい、原野の山師をはるときめた百姓といい、その一例である。

こうした状態は作者が若い頃、東北の農民たちから見聞していた多くの事柄であった。このことが、ネネムの伝記を書く時点において、その発端をなしたと考えてまちがいないと思う。

しかし、その後、作者が農民の中へ積極的に入って行き、それらのことを肌で感ずるにいたり、「ブドリ」の伝記を書く段階でもう一度、その部分を使用したと考えることができる。いうなれば、「ネネム」の伝記を書いた時の作者は、農民生活を外部から第三者として観察していた状態であり、一方「ブドリ」の伝記を書いた時は積極的に自ら農民の中に入りこみ、じかに農民の生活というものを感じとっていたにちがいないと考えられる。

作者が、この作品を発表したのは、筑摩書房版全集の年譜によれば一九三二（昭和七）年三月となっている。また、作者は一九二六（大正一五）年八月に「羅須地人協会」を設立している。

この頃から、国内の経済は急速に悪化し、貿易は輸入超過を続け、金融恐慌は全国の銀行をおそっていた。この現象は都市だけにとどまらず、農村にも大きな動揺をきたした。

物価の暴落（米一石＝一五〇キログラムが一九二九年一二月、二八円二一銭――一九三一年六月、一八円四八銭）は農村の生活を極度に圧迫していた。このため、各地で小作争議が起き、さらに一九三一年には北海道、東北で大飢饉にみまわれている。

こうした状態におかれた農村では、自作農から小作農へ、または中小地主の没落といったことが続発し、婦女子の人身売買までが行われるといった悲惨さであった。おのずから田畑を手ばなし、小作農に転落した農民は高額の小作料に苦しみ、資金を持たない農民は増産のための努力も商業資本によって、その大半を収奪されざるを得なかった。それに加えての飢饉は、農民から独立の条件をすべて奪いとった。全国的不況、農村への商業資本の進出、飢饉、農作物の価格暴落、失業者の増大と農民の生活は最悪の段階へとおいこまれていった時代である。

その中において、作者は、農民の農耕生活がいかに保守的であり、古い習慣をそのままうけついだ方法で、その習慣から積極的に出ようとしないものであるかを感じとったことだろう。それゆえに、「ブドリ」を通して科学の力が（この場合は、まだ農業科学の段階であるが）いかに大きいかを表現しようとしたのである。しかし、その努力も、自然界の変化の前には強力なものとなり得なかった。すなわち、農業科学の応用の範囲での科学の力では、かんばつや風水害などに対しては、どうすることもできないということである。

しかし、そうであったとしても、作者の努力が現実の農民に十分理解されなかったという一種のあせりが作者にあったのではないか。しかも、なかばにして病の床にたおれた作者は、単に、発生する被害の防止や部分的な生産指導では、根本的に農村の悲劇をすくえないのだという結論にいたったと考えられる。ここにこの作品の後半の部分のねらいがある。

第二は、「ブドリ」が沼ばたけを去りクーボー大博士の教室へ行き、試験に合格することによって就職先が決定する第四章の部分である。

その、第四章の部分は「ネネム」の伝記の同じ部分がそっくりそのまま使用されている。この章は、演劇でいうならば幕間の役目にあたる部分である。すなわち、前半の部分が現実の農民に対する作者の考えを述べたものであるとすれば、後半の部分は、科学の発達によって遠い未来にこうありたいという作者の希望が、ファンタスティックな手法でのべられていると思われる。これをクーボー大博士の教室に結びつけていったところに、この第四章のはたす役割があり、また、それのみがこの章のねらいであると考えられる。

さて、大博士の紹介で火山局に就職した「ブドリ」は、そこで一生けんめい火山に対する技術を学び、一人前の技術者へと成長した。ここにいたって、作者は十二分に科学力を使用して、自分の理想とする科学のあり方―農民に科学の真の力を理解させ、あわせて、農民の自然から受ける被害を最小限にふせぐ方法―を展開する。

「ブドリ」の最初の仕事は、サンムトリ火山でおこなわれた。この仕事は、噴火直前の火山が発見されたことで、サンムトリ市とは反対側の一番弱い部分に穴をあけて中のガスを、そこへ噴き出させる仕事である。火山の噴火を市とは反対側にもって行き、市街地を火山の被害からすくおうという仕事である。この仕事は一応成功をおさめるが、この時に痛感した電源の問題―すなわち、潮汐発電所の計画は、その後、四年の間に二〇〇も配される程のスピードで実行されていった。

次の仕事は、雨にまぜて、天から肥料を撒くという仕事である。

――雲のすぐ上を一雙の飛行船が、船尾からまっ白な煙を噴いて一つの峯から一つの峯へちょうど橋をかけるように飛びまわっていました。（中略）まもなく、いちめんの雲の海には、うす白く光る大きな綱が山から山へ張り亘されました。

（中略）ブドリはボタンを押しました。見る見るさっきのけむりの綱は、美しい桃いろや青や紫にパッパッと眼もさめるようにかがやきながら、点いたり消えたりしました――

こうして、雨と共に窒素肥料を空からふらせることに成功し、その年の秋には、一〇年の間になかったほどの収穫を農民はあげることができた。

ところが、ある日、タチナ火山の帰り、小さな村を通っていたとき、一八人の百姓（これは肥料を入れまちがえた農業技師が責任を「火山局」になすりつけたのをそのまま信じた人びと）におそわれた。この事件がもとで、かつて、人さらいにつれていかれた妹ネリに出会うことができる。

ちなみに、「ネネムの伝記」を見ると、やはり、妹に再会するが、彼の妹マミミは奇術大一座のスターになっていた。しかし、ネリの方は、牧場のおかみさんになっていた。同じ妹の後日の姿が、こんなに大きく変っている点も注意しておく必要があろう。

こうして五年ほどの楽しい日々が過ぎる。次にもちあがった事件は、天候不順による寒波の襲来である。

――五月に一〇日もみぞれが降ったりしますと、みんなはもう、この前の凶作を思い出して生きたそらもありませんでした――

「ブドリ」は、幾晩も考えた結果、火山を噴火させ空気中の炭酸ガスを増加させることによって、気温をあげようという結論にいたった。その噴火の対象として考えたのが、カルボナード火山島である。これを噴火させれば、寒波による凶作はふせげるが、工作隊の最後の一人はどうしても逃げられないというのである。この仕事は、三日後に火山島でおこなわれた。

――すっかり仕度が出来ると、ブドリはみんなを船で帰してしまって、じぶん一人島に残りました――

そして、次の日は火山島は噴火し、その年の秋は、ほぼ普通の作柄になったのである。ここで後半の部分は終わる。

この部分で述べられている科学は、今日の科学の水準からしても実現できないようなものである。火山の被害をふせぐには、その噴火直前に火山に穴をあければ、噴火がふせげるという考えは、だれにでも考えられないことではない。

しかし、実現させることは容易なことではない。同じように、空から肥料をまいたり、雨を自由にふらせるということも、実現させるのは大変なことである。あえて、作者はそれにたちむかい、そのことを実現させることによって、農民の自然から受ける被害をくいとめようと考えたのである。むしろ、科学の発達というものが、かくあるべきだという主張であったとも考えられる。

このことが、一つの理想であり、また、空想であり、ファンタジーであるということは事実であるが、「銀河鉄道の夜」の夢の世界とは、次元をことにしている。そこには、美しい夢といったようなものはなく、現実の農民の苦難をいかにして救えるかと考えた作者の努力が見られる。

自ら田をたがやし、また、農業指導者として農民の中へとび込んでいった作者は、その中で何を見たか。それは、農民のもっている保守性であり、新しいものを自らとり入れようと努力しない無知であった。さらに、冷害、虫害、かんばつ、水害などの自然から受ける大きな被害であり、そのために根底から生活の基盤をゆすぶられる農民の姿である。

こうして、生活基盤をゆすぶられた農民は、自分の娘を売り、はては自らも工場労務者へと転化をよぎなくされていった零細農民の姿であったと考えられる。

業なかばにして病にたおれた作者は、ここにおいて、農民自身がいかに新しい科学（農業科学おもに化学肥料が中心であろう）を自分のものとして、学びとることが大切であるかということ。同時に科学の力でもって自然の力に、面と向かって太刀打ち出来るような技術が考え出されることがいかに必要であるかという点に焦点が向けられたのである。

「ブドリの伝記」は、この点をモチーフにしていると考えられる。これは、作者自身が、身をもって農民の中に飛びこみ自らが一般農民と同じ田をたがやすことによって、学びとった結論であろう。

「ネネムの伝記」と「ブドリの伝記」とは、その一部分が重複しているが、両者のちがいは、まさにこの点に存在している。

前者の場合、主人公は農村の中からぬけ出すことによって、自らの生活の安定を求めたのに対し、後者の主人公は、あくまでも農民の生活の中に入りこむことを生活の指針とした。この点について中村稔氏は、「少なくとも六年の歳月を隔て描かれたブドリの生涯とネネムの生涯とがかなりちがうことは当然であるが、その決定的なちがいは、ネネムの農民の中に戻っていかなかったという点にある」(定本宮沢賢治・七曜社刊)といっている。

まさにこの原因は作者が、現実の農民の悲惨な状態を目にし、それをいかにして救えるかと考えた点にある。すなわち、作り上げられた幸福の世界へいかにして入りこむかということでなく、いかにして幸せな世界を作り出していくかという一つの過程に、この作品の重点がおかれている。

その一方法として、科学の力で農民の生活を圧迫している被害をとりのぞくことを考えた。しかし、作者が目にした現実の科学水準に、それを求めることは不可能であった。ここに、ブドリの生涯が運命づけられる原因がある。また、作者が事実上農業科学者として、宗教伝導者として、さらに、新しい方向をめざした農村指導者として、農民の中に入っていったにもかかわらず、個々の農民の理解をこえた農村という大きなカベにつきあたり、そのカベを自分一人の力では、はっきり崩せないことを肌で感じたにちがいない。結果として、そのことがこの作品を書かせる無視できない一つの原因ともなっていると考えられる。

すなわち、この作品の主人公であるブドリは、ネネムの場合とちがい、農民のために働くのであるが、それは直接に農民の中へ入っていくのではなく、火山技術者として、農民のいる場所(立場)ではなく、他の場所(立場)において、農民のために自らの生命をなげだしている点からも考えられる。

このことは、作者自身が、農村の中へ主人公ブドリを直接もどすには、あまりにも強固すぎる農村のカベを十分意識していたためだといえるのではないか。さらに、今一つは作者の〝死に対する考え方〟によるものである。それは、死をもって幸福を作り出すという考え方である。いいかえるならば、多くの人びとの幸せを生み出すためには、命をかけてやまない、という考え方である。

この二つが重なったところに、ブドリの死というものが考えられる。それは単なるヒロイズムに裏うちされた死ではない。また、イーハトーブにおける科学水準からすれば、ブドリが死をかけるまでもなく、カルボナード火山島は噴火できたにもかかわらず、作者がブドリを死なせたのは、現実の科学の水準と、作者が考えたイーハトーブ市における科学の水準との差があまりにも大きく、死以外にはふみこえられない谷間であったのではないか。それ故に、ブドリを死に決定づけざるをえなかったといえよう。いうなれば、単に農業技術者であった作者が、現実の農民の悲惨な生活を目の前にして、その解決策は、農民自身が農業科学に目ざめることであり、さらに、こうした一人ひとりの農民の努力をこえた、もっと大きな力によって、農村そのものを救う方法は科学の力以外にないということをモチーフにしているといえよう。

主人公ブドリは、そのために学問を積み重ね、新しい方法を考え出すのであるが、科学の水準からして、その方法に限界を感じた作者は、最後に死をもち出すことによって、この作品を終わらせようとした。

ことに、作者の理想世界と、現実世界の差が大きく口を開き、この作品をあたかも自己犠牲の上に作り出された幸福というテーマの方へ追いやった結果を作り出してしまった…と考えられる。ただし、このことによって、ただちにこの作品のモティーフを自己犠牲と、それによって生みだされる幸福という点にあるということはできない。

このことは、作者が最後まで人びとの科学に対する努力というものを信じ、それにかけるということができずに彼のあらゆる作品の底を、低音部合唱のようにながれる思想、すなわち、幸福は犠牲によってもたらされるという点に結論をもちこんだ。

このことが、この作品に一つの限界を作ってしまったといえよう。


（「うらやま」第三号初載、「日本児童文学」一九七一年一二月号）

第3章　宮口しづえ——作家と作品

1　宮口しづえ――童話の世界

はじめに

わたしが初めて、木曽馬籠の宮口しづえ宅を訪れたのは、一九七一年暮の三一日であった。この日、突然わたしが宮口を訪ねたのは、その頃、信州児童文学会が機関誌「とうげの旗」を同人誌から少年少女雑誌へと切替えた経緯を聞くためであった。

そんなわたしに、宮口は親切に「とうげの旗」について、いろいろ教えてくれた。その時、「わたしたちは、いい雑誌を世に出すには作品で勝負するしかありません」と、静かにいわれた言葉のなかに、力強さがみなぎっていたことを、今でも思い出す。

しかし、わたしはこうして作家宮口しづえに出会いながら、その後、作品を通して宮口自身を理解しようとはしなかった。それは、当時のわたしの中に「童話」という言葉に対する「旧さ」といった先入観が存在していて、そのため敬遠していたためである。

それから時が過ぎ、宮口のことを忘れかけていたが、次の年の夏、信州児童文学会と中部児童文学会との文学交流会が、信州の開田高原でおこなわれ、わたしは再び宮口とめぐり会う機会を得た。その時、夜も一一時をまわってから、「とうげの旗」の編集会議が始められた。その席上で、いきなり宮口は「われの、作を佳品といってきた。カヒンと……」と、大声でいったのをおぼえている。あとのことは忘れてしまったが、激しい議論のなかで、「われの作品を佳品と……」と、いい切る作家の信念はどこからくるのだろうか。そのことがわたしに、宮口童話を読ませる動機となった。

そんなことで、わたしと作家宮口しづえとの〈出会い〉は、決してドラマチックなものでもなければ、偶然的なものでもなかった。が、その後、折りにふれ宮口の作品を読むにつれ、宮口童話のなかに、深い人間愛と対象を見る眼の確かさ、また、人間とは善と悪とを同時に内在させているものとして、これを是認し、なおかつ人間への限りない愛しさが語られている。そしてこの作家には、他の作家にない純粋さと生活に根ざした強さ、がある。

だが、これまでこの宮口の文学について、正面からとりくんで評価した、文章を見ることがなかった。神宮輝夫は、その著書「現代日本の児童文学」のなかで、「戦後児童文学の研究で、私を含めて多くの人たちが、常に光をあててきたのは、やはり、現在を真正面にすえたリアリズムでありファンタジーであった。そして、直接的に現在をあつかわず、生きる意義、子どもの遊び、喰うことと直結しない体験などをえがいた作品系列を、傍流にすえる傾きがあった」といっている。そして、その傍流の作家のひとりとして、宮口の名をあげている。

この神宮の一文は、きわめて示唆的である。現代の児童文学を考えようとする時、わたしたちは無意識のうちに、いつも現在―現代化―を光のなかで捉えようとしてきた。そして、その周囲の薄明の部分を忘れてしまう。かつて、わたし自身のなかにあった、「童話」という言葉から受けていた先入観も、そこいらに原因があったといえる。

しかし、宮口がこれまで論じられることがなかったのは、神宮のいう「光」をあてなかった（あるいはわたしたちが無意識のうちに忘れてしまった）だけだろうか。

現代の児童文学のなかで、あらためて宮口の童話をみた時、そこには確かにはなしの筋としては複雑なものはない。いたって簡明である。描かれる世界も、これまで宮口が生きてきた人生において直接、見たり、聞いたり、あるいは感じ、触れてきたものから題材をとって語っている。そして、どの作品も宮口の実生活の経験をでることはない。

日常生活のなかで、わたしたちがつい見過ごしてしまうようなこと、ごくありふれたこととして気づかないようなこと、あるいは、不必要として忘れてしまうようなことを捉え、それをそのまま簡素に描いている。しかし、その日常生活のささいなことを描く宮口の眼は、常にその指針に狂いがなく、事象の本質に迫り、それを的確に捉えている。

宮口の作品について、「オンタケの子ら」のあとがきで加藤明治が、「宮口さんの作品のよさは、筋のおもしろさより、ささいな話の中にかもされる、あたたかさであり、文章の美しさ、描写の丹念さでありましょう。（中略）宮口さんの作品は、清純素朴さと、真実、善意にささえられたところに、その生命があり、誰の追随もゆるさない境地にまで、達していられるのです」というように、宮口の作品の「あたたかさ」と、「描写の丹念さ」と、そして「清純素朴さ」をあげている。

こうした宮口の文学の特質は、宮口の作品にふれた者であれば、すぐに気のつくことであり、見間違うことはない。だが、宮口の作品に描かれる世界が、先にもふれたように、宮口のこれまで生きてきた人生において、直接見、聞き、触れ感じたものから題材をとり、作品のすべてといってもよいが、宮口の実生活から出ることがない。そのため、作品は自伝的要素の濃いものばかりである。つまり、宮口の作品は、作品そのものが実生活であり、実生活が作品であるという緊密関係にある。こうしたことから、宮口の文学を論じようとする場合、実生活の問題と創作の問題との重なりをどう捉えるか、ということになる。また、宮口の作品は、それ自身が宮口の身体と同化されているため、作品を語ることは、宮口の身体の内を流れる血や肉を語ることになる。そんなところにも、これまで宮口が取りあげられなかった、理由があるのではないだろうか。

わたしは長い間、宮口について語ることをしなかった。しかし、いずれにしろ、この独得の風格とスタイルをもつ宮口文学の独自の個性―性格をさぐりだすことは（たとえ、宮口自身に興味のないことであっても）、現代の児童文学にとっては意味のないことではないだろうか。

宮口文学の位置

宮口が、処女作ともいうべき「塩川先生」を発表したのは一九四七（昭和二二）年である。この作品は、坪田譲治のはからいで、当時刊行されていた少年少女雑誌「童話教室」（後に「少年オール」と改題）に掲載されたものである。

その経緯を宮口は、「東京から編纂室へいらっしていた菊地重三郎先生にすすめられて、童話という形でノートへものを書きはじめ、初めて坪田譲治先生に紹介していただき、〝童話教室〟へ童話を載せていただいたのも、二二年の晩秋だったと思います」と、「ミノスケのスキー帽」（小峰書店版）のあとがきで述べている。

戦後間もなく、宮口は夫菊雄にさきだたれ、八〇歳近い舅と、二人の子どもをかかえて生活に窮していた。そんな時、馬籠で藤村全集（新潮社）の編纂が行われることになり、宮口はそこで働くことになった。

菊地重三郎と知り合ったのは、この編纂室である。この後、雑誌「童話教室」には、「おばあさん」（一九四八年七月号）、「先生の写真」（同八月号）を発表している。

しかし、戦後の良心的少年少女雑誌が姿を消したのにともない、「童話教室」も翌一九四九年三月に廃刊となる。宮口も同年七月に過労が原因で賢臓結核にかかり、療養生活に入る。こうした、雑誌の廃刊によって発表の場を失った宮口は、療養生活中『『塩川先生』』のような作品が一〇編書けたら、東京へ持っていらっしゃい」という坪田譲治の言葉に支えられ、病床にふしながら創作を続けていたといわれる。この時、書きためた作品が、一九五七（昭和三二）年七月筑摩書房より短編童話集「ミノスケのスキー帽」として出版されたのである。これは、宮口の処女出版であったが、同年一一月、日本児童文学者協会新人賞の受賞が決定し、童話作家としての宮口の名が知られるようになった。

以後、宮口は「ゲンと不動明王」（一九五八年）、「山の終バス」（一九六〇年）、「ゲンとイズミ」（一九六四年）、「オンタケの子ら」（一九六八年）、「箱火ばちのおじいさん」（一九七四年）、「胸にともる灯」（一九七五年）と、作品集を発表している。また、その間に新聞・同人誌などに発表した随想を集めて「木曽の街道端から」として一九七七年に出版している。そして、今年（一九七九年）になって、その集大成ともいうべき「宮口しづえ童話全集」全八巻（筑摩書房）の刊行が開始された。

ところで、宮口の創作活動は、一九四七年の「塩川先生」の発表に始まるが、宮口が童話作家として創作活動に集中した時期は、「ミノスケのスキー帽」で新人賞を受賞し、次いで長編「ゲンと不動明王」

の筆を起した一九五〇年代後半から「胸にともる灯」を出版する七〇年代前半と見ることができる。ところが、この時期の日本の児童文学界は、それまでの流れである「赤い鳥」の系列に属する童心主義を批判し、新しい児童文学の流れを創り出そうとしていた時期にあたる。

早大童話会における「少年文学の旗の下に」の文学宣言（一九五三年）を口火として、古田足日の「近代童話の崩壊」（小さい仲間・一九五四年）、「象徴童話への疑い」（日本文学・一九五四年）が発表され、当時の児童文学と児童文学観の質的転換の必要性が提示された。その後、一九五八年から六一年にかけては、小川未明の評価をめぐる「未明否定論争」が、特に華々しく展開されている。さらにいうなら、一九六〇年には石井桃子その他によって「子どもと文学」（中央公論社）が刊行され、日本の児童文学における画期的な時期をつくりだした。

こうした児童文学界の変動のなかにあって、宮口は独自の道を歩み、「ゲンと不動明王」三部作を中心に、自己の文学世界を追い求めていた。そのために、宮口の作品は日本児童文学の傍流に位置づけられる結果になったのであるが、しかし、この新しい児童文学を求める流れを、宮口がまったく知らなかったわけではない。

宮口は「感想」（とうげの旗三〇号・一九六一年）の中で、「児童文学の世界だって、小川未明、浜田広介、それらの先生方の童話でさえが、この時代の波の上にさらされて、否定肯定ときりまくられた時代だ、私のように明治生れ（一九〇七年）のものにとっては、胸のいたむことしきりだ。

たしか五年ばかり前の新聞に坪田先生が、児童文学の世界に向って〝論争いでよ〟といさましい文章を発表された、あれから数年経つか経たぬ間に、わけても一昨年と昨年、児童文学論争はめざましいものだった」と述べている。

こうした時代の変動を知りながら、敢えて宮口がこの流れに乗らなかったのはなぜだろうか。それには様々な要因が考えられる。

その第一は、いうまでもなく宮口の作家へのスタートが比較的遅かったことがあげられるだろう。「塩川先生」を発表したのが満三九歳であり、短編集「ミノスケのスキー帽」の出版が満五〇歳の時である。

第二は、木曽馬籠の地に格式ある村社の嫁として、生きてきた人生そのものによると考えられる。

第三は、宮口の作品世界が、日本児童文学世界がめざす「新しい児童文学」の方向と、まったく異なったものであったこと。

第四は、それほど多作でなかったこと。などが考えられるのであるが、この場合、第一の作家としてのスタートが遅かったことと、第二の要因が重なって、第三の作品世界の内容を決定したといえる。また、多作でなかったことが、自己の思い通りの作品を書き続けることが出来たと考えることが妥当であろう。

では、宮口が創り出した作品世界―独自の文学とはなにか、であるがその前に宮口が、童話の世界へ入っていった動機から考えてみたい。

童話への出発

宮口の創作活動は、藤村全集の編纂室へ勤め出した時点から始まる。しかし、宮口が童話を本格的に書き始めたのは、編纂の仕事を終わり、再び小学校の教師として勤め出した後、病にたおれ療養生活を送っている時からである。

宮口は「私と童話との出あい」の中で、「わたしと童話との出あいと申しますと、四〇歳をすぎてからの長い病床生活から生まれたとでも申しましょうか。

それともう一つは病気直前に二、三年藤村全集編纂室に勤務したことによって、再び藤村にふれることが出来たということでしょうか」と、その経緯を語っている。

宮口が、「塩川先生」を書いたのは、藤村全集の編纂室に勤めている時期である。しかし、その後、療養生活をよぎなくさせられた時、宮口は、「そのころだったと思います。夜半めざめると、どうしょうもないほどの孤独の中で、すぎてきた四〇数年の生涯をあれこれと考えて、生とか死とかという問題が、ひしひしと身にせまりました。あまりのむなしさから、今ここで、自分の出来ることといったらなんだろうかと、しんけんに考えざるをえませんでした。

そこまでいったとき、ごく自然に、自分も何か書いてみたいと、思いつきました」と、回想しているように、童話を書くことを自分に確認している。

この時期に、自分の生きてきた四〇数年の人生とは何であったか、を自問した時、自然に何か書いてみたいという答えが出てきた。その言葉のなかに、その後、宮口の作品を方向づける要因があったといえる

ところが、一方、藤村とのふれあいであるが、宮口が若い時から藤村のものを読みあさり、藤村に心酔していたことは誰でもが知るところである。しかし、四〇歳過ぎて藤村全集の編纂にたずさわり、そ

こで初めて藤村の書簡を目にし、若い時代とは全く異なった角度からの藤村にめぐり会っている。そのことを、藤村の子どもへの手紙を書き移す仕事の中で、「わたしが涙で感じとったものは、すべて藤村の父親としての子どもへの愛情でした。今までの小説や詩や随想からうけるものとは、全くちがった、もっともっと直接な肉と血でつながっているものでした。

それにしても、これほどまでに子どもの世界を知り、子どもの繊細な感情や心理を洞察できる藤村にあたらしい感動を覚え……」た、というように宮口が、ここでみた藤村の姿は、これまで自分が胸にえがいていた藤村像とは、全く異なったものであり「わたしの人生の方向をかえるほどのもの」であった。

このことは、藤村の隠されていた一面を、作家としての藤村を知り、そこに存在する親としての子への愛のあり方を知ったともいえる。また、同時に四〇歳を過ぎて再会した藤村の親としての姿は、宮口に、生活に直結した真実の重さと、親の子を想う気持の普遍性を悟らせた、と考えられる。したがって、宮口がこの藤村から得た感動が、孤独な療養生活の中で宮口をして、「自分も何か書いてみたい」といわせたのではないか。

そして、病の床に臥し自分も何か書こうと決めた時、当時「街道端は、終日人通りもなくひっそり閑としたものでした。子どもたちの声が、どうかするとすきとおるようにはっきりきこえてきました。学校から帰宅してみても、家の中には誰もいないので子どもたちは裏口へ出て、裏たんぼにいる家の人をよぶ声」に、「子どもがいじらしくて、わたしが丈夫だったらとびだしていって、子どもたちの母さんになりかわって」、何かしてやりたいという衝動にかられる。そして、この時、「その衝動がおさまると、そうだっ！　この子どもたちを相手に、何かお話を書いてみようと思ったの」である。

この子どもを相手にお話を書こうと思いたったのは、やはり、藤村がわが子に見せた親としての一面が、意識されていたのではないだろうか。

なお、何度もいうようだが、宮口の創作活動は「塩川先生」に始まる。だが、それは童話として文字で書かれた作品である。ところが、宮口は「児童文学と私」の中で、「二人の子どもを相手に、キツネがなければキツネのうた、フクロウがなければフクロウのうた、洗濯のうた—とたちどころにうたにしては、うたってきかせたことから、あったかな親近感が生まれて二人を安心させひきつけることができたことです。—それと夜になれば二人をかかえて知るかぎりのおとぎばなしを語りました」と。「キツネがなければキツネのうた」というように、日々の生活の中に存在する変化をいち早く捉え、それをうたにして二人の子どもにうたってやったことは、言葉による創作であり、語りであるといえよう。このことからすれば、宮口の創作は結婚後において、すでに始められていたと考えられる。もちろん、それは広い意味での創作ということであって、作品を書いたという意味ではない。もっとも、作品「カタカタおどりがはじまった」を見ると、すでに少女時代において、こうしたうたは創られ、うたわれていたが。そうなると、創作開始の時期はいつか、ということになるがその問題は別として、日々の生活の中にあって子どもたちにこうした形で接していたことも、宮口に童話を書かせるようになった遠因のひとつと、考えることができないでもない。

だが、宮口が病床にあって自然に「何か書いてみたい」と思いついたにしろ、四〇歳過ぎてあらたな角度から藤村にふれたことは、宮口を童話への出発を決めたかもしれない。しかし、何といっても、宮口が童話への道を選んだ大きな要因は、菊地重三郎が「何か書いたら」とすすめたことと、坪田譲治が

『塩川先生』のような作品が一〇編書けたら、東京へ持っていらっしゃい」といったことが、引き金になっていたと考えられる。そして、このことが、宮口の文学世界を形成する大きな作用をしている。

宮口文学の世界

（一）

宮口の文学世界を考える前に、作品の舞台を地理的に拾ってみると、宮口が現在住んでいる木曽馬籠・宮口が少女時代を過した小諸と、そして夏になると出かけて行った開田高原が主なところとしてある。なかでも、開田高原は「オンタケの子ら」の舞台であって、これ以外の作品には出てこない。こうしてみると、宮口の作品の舞台となっているのは木曽馬籠と信州小諸に、その大部分が置かれている（「ゲンと不動明王」三部作については、セイカン寺は馬籠の設定である。クオン寺の所在は明確でないが、ゲンの足で一日の行程というところである。あとは中津川市とゲンが最後に行くおばちゃんの高田市ということになるが）。

宮口が自己の少女時代の体験を描いた「塩川先生」はじめ、「先生の写真」「弟」や短編集「胸にともる灯」の舞台は、当然、宮口が生まれ育った信州小諸ということになる。しかし、同じ宮口の体験でも松本女子師範を卒業した後の体験（教師としての体験もあわせて）を描いた「人魂」などは、馬籠が舞台である。その他の作品の大部分は、馬籠が舞台である。

個々の作品については別のところにゆずるとして、描かれた作品の舞台が、木曽馬籠と信州小諸そして開田高原といったところに限定され、その内容を自ずと区分されるという特徴を、先ずみることができる。

ところで、宮口が現代児童文学界の流れを意識しながら、その流れに敢えてのらなかった要因については、すでに〈宮口文学の位置〉でふれた。そのなかで、その第一は作家へのスタートが比較的遅かったこと。第二は馬籠の格式ある家の嫁として生きた人生による。そして、この二つが宮口の文学世界を形成する上で大きな作用をしていると述べた。では、この二つが宮口の文学世界にどう影響したかである。

宮口は「私と童話との出あい」で次のようにいう。

「人生の四〇台という時は、又特に女性の四〇台という時は、非常に大切な年代だと思います。その年齢まで生きてきますと、世の中というもののきびしさにもうちのめされ、その経験から生れてくる判断も一応は出来るようになり、家族というものの関係・子どもというものについての苦悩も味わってきました」

松本女子師範を卒業してすぐ馬籠へ教師として赴任してきた宮口は、やがて、村社の嫁として馬籠の地に定住するようになる。そして、四〇歳を過ぎて創作活動に入るまで、村社の嫁として、また二児の母として、そして一農婦として格式のある家（戦後の農地解放まで地主）に生き、土に生活の糧を得てきた。もちろん、その間に読書は続けたであろう。また、一度は小学校の教壇にも立っているが。

だが、この馬籠の地に定住して宮口が得たものは、生活の重みであり、地に足を着けた生活の実感であろう。そこにあるものは、すべてが日常生活の一端に属するものであって、空想やメルヘンの世界ではなかった（このことは、随想「木曽の街道端から」が示す通りである）。

そうしたなかで、緩慢ではあっても時代と共に変貌していく街道端の日々の生活の中で、宮口の心を、ふと満たしたものは自分の少女時代の想い出であり、また目の前を走りぬけていく、子どもたちの生活者としての姿であったのではないか。

宮口は少女時代に過した小諸と、女子師範卒業後、今日まで生活している馬籠の地以外に生活圏をもたない。したがって、宮口が自己の生活経験の中で得た、人間の生き方、生活の中で笑い、泣き、叫ぶといったその心情は、小諸と馬籠の地を離れては成立しないといえる。宮口の作品の舞台が、いずれも小諸と馬籠に存在するのは、そのためであろう。

ところで、宮口の文学世界は宮口の創作活動の始まりの部分で、すでに一応完成をしていたといえよう。〈童話への出発〉のところでふれたように、二人の子どもを相手に「キツネがなけばキツネのうた」を、うたってきかせたように、宮口の想像力は二人の子を、何とか自分になつかせたいという生活の必要性に直結したところから、生み出されている。それを単なる思いつきといってしまえば、それはミもフタもない話になるが、現実の生活の中に、自分に生き生きと感じられるもの、または、それを通して現実の生活の場に、何らかの形でプラスになるもの、そうしたものが生活者には、必要であったことは否定できない事実である。

こうした生活を通して、なおかつ現在の自己の中で、生き残っているもの、たとえそれが想い出と指摘されるものであっても、そうしたものの集成の中に、人間の真の姿を見い出す。そして、宮口は生死の境から童話の創作へと転身した時点で、自分の生活者としての姿を通して、人間の真の姿を描き出そうとした。それは同時に、馬籠の村社の嫁として、わが子ならぬわが子を育てあげた自分の生涯を、客観的に問い直すことにも繋がる。この宮口の姿勢から生まれた作品が、「ゲンと不動明王」をはじめ「山の終バス」「ゲンとイズミ」の三部作である。もちろん、この三部作は宮口の自伝ではない。また、自伝的小説というものでもない。あきらかに宮口の創作であることはいうまでもない。しかし、宮口は「ゲンと不動明王のころ」の中で次のようにいう。

「ゲンがセイカン寺へついて、母さんをはじめて見た時の表現。〝今の人……〟この言葉、それは又、わたしのくるしい体験であったのです」といい、このあと七歳の女の子と初めて風呂に入った時、「〝死んだ母ちゃんは、もっと、ごいごいと洗ってくれたよっ〟となでるように洗ってやっているわたしに、何のようしゃもない一言だったのです。

七歳の女の子のハダで知り得た〝母〟というものの感覚だったのです。それからです。わたしは、いつの日にか、これを書いてみたいと思ったのです」

これからみて、この三部作がいかに宮口の実生活の中から出てきた生の声を写しとっているかは、容易に理解されよう。このことは、取材のために数日間、長い時には数ヵ月間にもなるが、その地にとどまってあれこれと見聞する旅行者の声とは、おのずから違ったものを意味する。宮口の場合、旅行者としての見聞に基づく作品には、「オンタケの子ら」がある。この作品と、長編三部作ないしはその他短編作品と比較すると、そこには、主題を消化する段階での微妙な差が存在することに気づくはずである。

宮口の文学世界は、一言でいって、日常生活の中にあってともすれば見落としがちな何げないしぐさ、何げなく口にした言葉、そうしたものの中に生きた人間の心情──本質を見い出している。そして、それを主題に人間の喜びや哀しみ（宮口の場合は哀しみの方が多いのだが）を問いつづける世界であるといえる。それは、人間のもつ普遍性でもあり、同時に宮口の生きた記録である。

ところで、宮口の創作活動を考える場合、やはり、藤村の存在を無視して語ることはできないだろう。一九〇七（明治四〇）年九月二日、長野県北佐久郡小諸町（現小諸市）に生まれた宮口は、幼い時から父母の会話の中に「藤村」という言葉を聞いて育ったという。そして、宮口は六歳の時、藤村がかつて勤めていた小諸義塾のあとに開設された幼稚園へ通い、小学校高等科を卒業し、松本女子師範学校へ入学する頃には、藤村全集を読み傾倒していくのであるが、宮口は「藤村の世界と私」の中で次のようにいっている。


――わたしの幼児の最大の記憶に小諸があり、その幼稚園がある。……わたしもいつの日にかは、忘れないうちに、それらを克明に、話し相手さえあれば、語りたい思いでいっぱいだ。このごろの子どもたちの、恐ろしいほどの変わりぶりをみるにつけても、こうした時代、こうした社会、こうした自然を何ほどかでもつたえたいと思う――


藤村が子どもたちに、忘れ得ぬ自分の幼時を、とりまいていたものを、訥々として語りたかったのも、単なる懐古ではなしに、自分の心につながる深い何かを伝えたかったにちがいないと思う。

藤村の「ふるさと」「をさなものがたり」などの童話を通して宮口が読みとったもの、「自分の心につながる深い何かを伝えたかった」ものは、同時に宮口自身が「相手さえあれば、語りたい」と思うものに重なり合う。それは、自分が生きた意味を問うものに通ずる世界でもある。

藤村全集の編纂室で菊地重三郎から、何か書いたらとすすめられた時点において、すでにこの藤村の童話が、宮口の中に意識されていたと考えられる。処女作「塩川先生」以後の短編が、すべて自己の生活の中から主題を得て書かれている点、また、長編「ゲンと不動明王」三部作においても、その中に見られる宮口の生活体験、それらを総合してみた場合、その創作に対する宮口の姿勢は、藤村の姿勢に通ずる。

前述の〈宮口文学の位置〉の中で、宮口が当時の児童文学界の流れを知りながら、敢えてその流れにのらなかったと述べた。そして、その要因の第三に宮口の文学世界が、日本児童文学世界がめざす「新しい児童文学」の方向と、まったく異なったものであった、と述べた。しかし、その裏づけとなるものに、やはり藤村のこの童話に対する姿勢が、存在することを付け加える必要があろう。

したがって、宮口の文学世界は、開発の名によって破壊される故郷、その中に生活する子どもたちの変貌に対して、自分の心にある心象風景を、「単なる懐古ではなしに、自分の心につながる」ものとして、書き残した世界である。

そこには、すでに失われた故郷があり、生活がある。そして、そのつながりの上に成り立っている現在が現実に存在する。それは、その地に生活するものにとって、単なる想い出としてではなく、生活の根底につながる課題でもある。同時に読者にとって、それは自分の故郷につながる課題であり、また、現在を生きる人間の自然への素朴な感動の世界でもある。

かつて、子どもだった大人が遊んだ山や川は見るかげもなく変りはて、宅地や公害に汚染されてしまった現在、失われた故郷はもうどこにもない。そうした中で、宮口の文学世界には、なおこの失われた故郷を見い出す。いうなれば、宮口の文学は故郷回帰の世界であるということができよう。

（二）

宮口の作品を内容で大別すると次のようになる。

（1）自己の体験（想い出）を書いた作品
（2）村の子どもの生活を書いた作品
（3）開田高原の子どもたちを書いた作品
（4）舅の想い出を書いた作品
（5）「ゲンと不動明王」三部作

ここで、（1）の自己の体験を書いた作品と、（2）の村の子どもたちの生活を書いた作品は、それぞれの作品に登場する主人公によって（1）に入るか、（2）に入るかは容易に判別できる。しかし、「コマヨの子もりうた」「茶わんむしのお正月」のような作品になると、単純に（2）に入れることが可能かどうかである。

たしかに登場する主人公からみれば、当然（2）に属する作品である。だが、この作品の根底には、宮口自身の体験が色濃く存在している。したがって自己の体験を、村の子どもたちの姿を通して表現した作品ということになる。そうなると、厳密にいえば先にあげた（2）の区分に属する作品が、（A）単純に村の子どもの生活を書いた作品。（B）村の子どもの姿を借りて、自己の体験を書いた作品、の二つに細分されることになる。

以下、それぞれに属する作品を通して考えてみたい。

「塩川先生」の場合

子どもの頃の友だちが、何年ぶりかにたずねてきた塩川先生は、酒を飲み過ぎ次の朝教壇に立つと、「けさ学校へくるのがやっとでした。こうやって、みんなのまえに立っていても、頭がいたくて、ふらふらしています」といって教室の隅でねてしまう。窓からうす日のさす板の間で眠っているさむそうな先生の姿を見ていた子どもたちは、自分の着ていたそでなし羽織を、誰がいうのでなく一人ひとり静かに、先生にかけてあげた。という、これだけの作品である。

この作品は、その冒頭で「このお話は、わたしの三年生、一〇歳ぐらいのころだったでしょうか」とあるように、宮口自身の想い出を語る形式をとった、宮口のはじめての作品である。三〇年近い年月、宮口の胸の中にこの想い出が様々な形となって、生きつづけていたそれを、新鮮な感覚で描き出している。わたしたちは、過去の想い出をなんらかの形で心の片隅にしまい、ある時ふと取り出し、なつかしみいとおしむ。それは、大人になればなるほど、その想い出は美しくなる。この作品は、その想い出の核になる部分だけを、そっと取り出し描いた感じの作品である。

山室静は、この作品について「山の終バス」のあとがき（「宮口さんの人と作品」）の中で、「先生の教師として人としての素裸の人間性が、余計な説明や弁解ぬきで、ジーンと生徒たちにも伝わって、また幼い彼らが、ひとりひとり立ち上がっては、しのび足で眠っている先生の許に近づいてゆき、羽織をぬいで先生にかけてやるのだ—先生が風邪をひきませんようにと。

この無言の魂と魂のふれあいが、じつにみごとに、たった数ページの短さで、事実を事実として簡素に描いているからこそ、無限ともいうべき深さが出るかも知れない」と、高く評価している。

ここで山室が、「無言の魂と魂のふれあい」と指摘するように、人間のもつ善の行為が、言葉を必要とせず、直接に相手に伝わっていくところに、この作品の魅力がある。また、宮口が自己の体験を語っているにもかかわらず、作品の中でのわたしの感情について、あれこれと飾りたてた説明をせず、あくまで「簡素に描いているから」こそ、それだけ「無限ともいうべき深さ」を、読者が味わうことができる。

しかし、そのことだけでなく、宮口が自己の体験を作品化するにあたって、その体験を自分から引き離し、第三者的な目で主人公を見ているところに、この作品の魅力があるのではないか、と考える。

このことは、たとえば、同じようにわたしと先生との想い出を描いた作品に、「サツマイモのはなし」というのがある。遠足に行ったとき、おやつにサツマイモを持っていったわたしが、先生にサツマイモをあげようとする。すると、先生は「のこしていって、弟のおみやげにしろよ」といって、受けとらなかった。そのためわたしは、「不服とはずかしさ」から、そのサツマイモを谷に投げてしまった。というはなしである。

この作品は、先の「塩川先生」に比べて、作品としてドラマがあり、作品らしい作品となっている。だが、この作品になってくると、作者の目は主人公のわたしに焦点があてられ、わたしの心情の動きを通して、作者自身のノスタルジアを満足させている。つまり、想い出を想い出のままに、作品化している面が強く、ここでは「塩川先生」でみせた、体験を自分から引き離し、第三者的に表現する手法はみられない。こうした傾向は、その他の体験を書いた作品にも共通している。

自己の体験をそのまま作品化することは、その想い出がいくら感動的であったとしても、それが作者自身の想い出を満足させる範囲を超えて、読者の胸につきささる程の鋭さ—感動とはなり得ない。その点では、「塩川先生」は、他の（体験を描いた）作品より、より作品としてのおもしろさがあり、魅力がある。

「あま酒まつり」の場合

先にあげたように、村の子どもたちの生活を書いた作品には、「ミノスケのスキー帽」はじめ「夜汽車のうた」「風」「絵本のはなし」などがある。その他に「コマヨの子もりうた」のように、自己の体験を基調にして書いた作品があるが、この両者を明確に区分するとなると難しい。したがって、この両者の区分に余りこだわらず、一応、村の子どもたちの生活を描いた作品としてここでは考えることにする。

これらの作品は、先に紹介した「塩川先生」はじめ、自己の体験をそのまま描いた一連の作品とくらべて、より客観的に子どもたちの姿を捉えている点で、作品として印象深く読みごたえのするものが多い。特に、馬籠の地に教師として生活し、後にその地で一農婦として村の生活習慣を体験した宮口が、その季節季節にみせる村の様子と、その中で生活する子どもたちの姿を重ねることによって、より生活に密着した子ども像を描くことに成功している作品が多い。

四月が来ると一年生になるサナエは、山の中の一軒家で、おばあさんと毎日るすばんをしている。お正月も過ぎたある日、サナエのところへ一冊の絵本が届く。「いままで一ども見たことがないほど、大きくて、うつくしい絵本」に、すっかり夢中になってしまう「絵本のはなし」のサナエ。

なぞかけあそびで、みんなに負けたシュンスケが、「おれ、風の色を見たぞっ！」といい出し、みんなが疑いながらも、それぞれの場所で風の色を見ようとする「風」のシュンスケ、フユキ、サンキ、それに女の子のサチとリツ。

新米がとれると、その米であま酒を作り百姓の神さまにお供えする。年に一度のあま酒まつり。そのあま酒まつりの日に、たらふくあま酒を飲もうと、相談する「あま酒まつり」のマンキチたち。

学芸会にどんぐりの役で出場することになったが、誰も自分に落葉をかけてくれないため、近くに住む女の子に何とか頼もうとする。が、そのことが口に出せずひとり悩んでいる「どんぐりのおねがい」のムツオと、女の子のヤエコ。村のため池作りのため、切ったまき運びをする「ミノスケのスキー帽」のゴヘイとミノスケ。それに友だちのマサル。秋の農繁期のお手伝い休みの時、五日もつづけて「カキがくいたいが、おらほうのカキは、みんなしぶガキばっかでつまらんなあ」とだけ書いた「ノーチンの絵にっき」のノーチン。

これらの作品は、はなしの筋としてはきわめて単純である。また、作者の特に語ろうとする思想ないし人生観といったものも、ほとんどない。

ここに描かれていることは、農山村に生活する子どもたちの生活の場の一断面である。旅行者がなにげなく見過して通る、道筋を走りぬけていく子どもの姿、その姿をそのまま作品の上にはめ込んだ、といってもよいような作品ばかりである。もちろん、そこには、英雄もいなければ、特別な才能を持った子もいない。ごく平凡な田舎のどこにでもいるような子どもたちばかりである。そんなところに、宮口の描く子ども像の特色がある。また、宮口の作品は、現実の生活に付随する様々な雑音を切り捨て、最低限度必要な部分だけを、確実に的確に表現している。そのため、作品としてのストーリー性には欠ける面をもちながら、それでいて、一つの文学として存在価値を示している。こうしたところにも特色がある。

ところで、そうした作品の中に「あま酒まつり」がある。

あま酒まつりは、一一月におこなわれる祭である。この日はその年にとれた新米を集めて、あま酒を作り、ぼんでん山の百姓の神さまに供え、村人たちもあま酒を飲んで一日あそぶ。今年はマンキチの家が、あま酒作りの当番に当り、マンキチは友だちから、自分たちの分を別にとっておくように約束させられていた。

話は、あま酒まつりの当日の朝からはじまる。

その日の朝、マンキチは学校へ出かける前、台所に誰もいないのをたしかめる。「あたりに気をくばりながら、こっそり、こっそり、足音をしのばせて、朝おきるときからねらっていた台所のすみの、大戸だなのまえまでもどっていって、そこにおいてある大なべのふたを、そおっと、とって」みる。

このあと、運悪く母親にみつかるが、叱られなかったことを幸いに、てれかくしの意味もあって、

「あのあま酒、おれが学校からかえってくるまで、だれにものませるないっ」

早口に、一気にいいはなつと、にげだすように、街道ばたへとびだして、学校へ行く。なんの説明もなく、いきなりこの部分が出てくる。それによって、まつりを待ちわびる子どもの心情、友だちへの約束がはたせた安堵感といったものが、より強烈に伝わってくる。作品はこのあと、あま酒まつりの説明がされ、ついで当番に当ったマンキチの家の様子、子どもたちの学校が終わってからぼんでん山へ行っ

たのでは、腹いっぱいのめないからどうするか、という相談へとつづく。

　そして、いよいよ授業後に話はとぶ。運悪く校庭のそうじ当番になった彼らは、そうじを始めるのだが、その時、みんなはマンキチに、早く帰ってあま酒をわかしておけという。「ほうきも、おれがかたづけるで、そこへおいて、はようとんでけ」と、このセンタのせかせる言葉に、彼らがいかにあま酒に期待をかけているかが、手にとるようにわかるのだが、やがて、彼らもやってくる。足首をばたばたとさせ、いきおいよく入口の戸をあけたが、おばあさんの姿を見かけると、もぞもぞしてしまう。それでも、「早くあがってこいよ」というマンキチの声で、上にあがりいろり端へ「みんな、一列に、かしこまって」すわる。こうして五人が、あま酒を飲みはじめるのだが、大なべの半分も飲まないうちに堪能して話は終わる。

　ところで、この作品は宮口の短編のうちでは、比較的長いものであるが、ストーリーそのものは単純である。だが、そこに描かれる子どもたちや大人たち—庶民の生活などの描写は、実に的確で鋭い。たとえば、マルキチが、学校から急いで家にたどり着き、あま酒をあたためる場面は、次のように描かれている。

　　——「おばあ、あま酒は？」

と、はいっていくと、

「かばんをかけたまま、あま酒もないもんだよ」

　わらい顔でふりむいたので、

「いま、みんなすぐくるん、あのなべをいろりへかけるぞい」

台所へあがって、かばんをおくのへやへおいてきてみると、おばあさんはいろりの自在かぎへ、どっこいしょといって、大なべをかけていてくださるところでした。

いろりばたに、細いまきがなかったので、うらの木小屋へとびだしていって、ぺかぺかになった屋根板があったので、ひとかかえもってきて、くべると、

「そんな大火をたいてもだめだよ、あま酒はすぐこげやすいもんだから、かいさじでかきまわしながら、せんじるように、気長に、あっためなけりゃあ、あまいところが、にげてしまうぞ」

おばあさんは、屋根板をひきだして、長いまきを三本ばかりくべて、とろとろ、もやしてくれました

――


学校から帰るなり、いきなり「おばあ、あま酒は」と、カバンもおろさず声をかけるマンキチのあわてぶり、また、いろりばたに細いまきがないのを見て、「うらの木小屋へとびだして」いくマンキチ。ここに、マンキチの心情が、友だちがもうすぐやってくるから、それまでに用意しておきたいという心情が、心憎いほど鮮やかに読者の目に浮かんでくる。

宮口はこのマンキチの動作を描くのに、頭の中で緻密に考えて描いたのではないだろう。おそらく、毎日の生活の中で繰り返されている子どもたちの行動が、自然に頭に浮かび、それをそのまま誇張せず、また余分な説明もつけないで表現したものと考えられる。日常生活の中での子どもの言動を的確に捉え、それを過不足なく表現する（宮口の観察の確かさは、この作品だけに限らないが）。そこに宮口の作品の魅力の大半があるといえよう。また、マンキチにあま酒の煮方を聞かせるところなどは、宮口の生活の知恵に基づく独得の描写であり、生活の一端が滲み出ているところでもある。

その他、マンキチが自分たちの分をわけておいてくれと、頼もうと思いながらおとうは、「うちのあま酒ではないぞ。部落みんなのあま酒だから、山へいってのめばいい」というに決まっているだろう、と考えるところがある。これなどは、子どものマンキチまでもが、自分の生活につながる、村落共同体意識の存在を語っている。村で生活することは、この村落共同体を前提にした生活を意味し、それなくしては成り立っていかない。それを、宮口はおとうの「そんな、かってはいかん」の、一語で表現している。こんなところにも、作品の深さを感ずる。

今日でこそ、このあま酒まつりもすたれ、村をあげてのおまつりとはいかなくなったが、当時のまつりに寄せる子どもたちの期待、あま酒を何のためらいもなく腹いっぱい飲めるという期待が十分読みとれる。これは、宮口自身が、このまつりのもつその村の意義、あま酒なんかはふだんは口に出来ないような生活状態、また、こうしたまつりによって、秋の収穫期から冬への生活へと切りかえる村人たちの生活感覚というものを、肌で理解していたからこそ書けた作品ではなかっただろうか。

もちろん、創作である以上、事実この通りのことがあったというのではない。しかし、村の子どもたちの日々の生活から考えて、当然考えられる状態であったろうといえる。

大なべのふたをそっとあけるマンキチの行為。期待に足もはずんでかけ込んできたが、誰もいないと思った家におばあさんがいて、もぞもぞいろりばたへ一列に並んだ子どもたち。これらすべては、宮口が生活の中で見た子どもが、そのままこの作品の中で生きている。単に頭の中で考え、子どもなら多分こうするだろうとして描かれた子どもの姿ではない。それは、いろいろな機会を通して、何度となく宮口が目にした、子どもの姿であり行動である。

宮口の作品が、今日なお書かれた当時の感動を持ちつづけているのは、こうした現実の生活の中に存在する実像―子どもの本質に迫り、作品の上に映し出している点にあるといえる。宮口の短編の中では、この村の子どもたちを描いた作品に属するものが、文学的に高く評価されよう。

「ベルツ水」の場合

宮口の作品には、村の子どもの姿を通して、自己の体験を描いた「コマヨの子もりうた」「茶わんむしの正月」などがあることは、すでに紹介した。

「コマヨの子もりうた」は、学校から帰ったコマヨが子もりをしながら、汽笛を聞いて「口からでまかせに」汽車のうたをうたってやるというのである。これは、宮口が宮口家の嫁に入った当座、「キツネがなけばキツネのうた」をうたって子どもたちを慰めた体験と重なるものである（同じ主題が「こもり」にも使われている）。また、「茶わんむしのお正月」も、おそらく姑を世話した体験に基づくものといえる。

こうした、同じように自己の体験を描いた作品に、「ベルツ水」がある。この作品になると、主人公はカツヘイという男の子になっていて、これが宮口の体験を基にしたものかということになるが、それはそれとして、ここでは、この作品について考えてみたい。

この作品は、四月には一年生になるというカツヘイが、兄と姉に連れられて、兄や姉のかつての先生の所へ遊びに行ったという、ごく短い話である。

話をもう少し詳しく紹介すると、先生の家へ出かける朝、カツヘイはうれしくてそわそわしながら、兄にくつ下どめを知らないかと聞くと、「くつ下どめなんか、知るもんか……」と冷たくいわれる。姉からは、「カツヘイは、小さいからこれでいいさ」と、少ししみのついたハンカチを渡される。すでに、ここでカツヘイは、両者から余り歓迎されていないことが読みとれるが、カツヘイ自身はそこまでは気づかない。

先生の所へ行き夕御飯をよばれ、風呂に入ることになり、姉が一番に入る。すると、カツヘイは風呂場に向かって大声で、「ねえちゃん、おふろのかげんは、いいかいだえ？」と聞く。その後、兄と風呂へ入ったカツヘイは、風呂から出て、いつも家にいる時しもやけやひびがきれないため、ベルツ水をつけることを思い出し、「おばさん、ベルツ水をください」と、いったのである。

翌朝、帰りの汽車の中でも、バスの中でも、兄も姉もカツヘイに一言も、しゃべってくれない。ところが、バスが村の近くへきた時、兄も姉も夕べのカツヘイのとった行動を非難したのである。カツヘイには、どうしてそれが、「そんなにわるいことで、にいさんや、ねえさんが、おこるのか」、わからない。しかし、家に着くやいなやカツヘイは、お母さんにとびついて大声で泣き出してしまう、ところで終わっている。

この作品で考えられることは、先ず兄と姉がカツヘイを先生の所へ連れていくのをいやではあるが、それでも連れていくことになったこと。次に、カツヘイがいい子でいようとするあまり、家ではしないのに「ふろのかげんはいかいだえ」と、大声で聞いたこと。また、ふろから出て「ベルツ水をください」といったこと。さらに、理由がわからないまま、兄と姉に怒られせっかくの楽しみも涙で終わったこと、があげられる。

カツヘイにしてみれば、自分が余り二人から歓迎されていないことをうすうす知っているから先生の家では、ふだんと違っていい子でいなければ、という自意識からやった行為が、結果として裏目に出てしまったことになる。しかし、先生もおばさんも「いかいだえ」については、いい子だといってくれたのである。それなのに兄だけがつんつんしていた。この両者の差は、カツヘイに何となくわかったであろう。

なぜ兄がつんつんしているか。カツヘイは、ふだん家でしないことをしたからではないかと思う。だから、風呂から出た時、今度はいつも家でしているベルツ水を思い出して、「ベルツ水をください」と、いったと考えられる。しかし、この二つともが兄や姉から否定されたことによって、カツヘイの善意から出た行為は理解されず、楽しいはずの旅行が悲しいものに変ってしまった、と考える。このことは、兄や姉がカツヘイの気持を、理解するだけの気持の余裕がなかったことから来ているのだが。

しかし、このカツヘイの悲しみは、「サツマイモのはなし」のわたしの悲しみにも通ずる。

おやつがさつまいもしかなかったわたしが、それでも、元気を出して「先生！ いもくわんしょや」と出したいもを、先生は「のこしていって、弟のおみやげにしろよ」といって、とうとう受けとってくれなかった。

——先生にしてみれば、わたしの家のまずしいことがよくわかっていて、一本のおいもでも、わたしの家のものにたべさせたいという、いたわりの心だったのでしょうけれど、わたしは、不服とはずかしさで泣きそうでした——

お互いに善意に基づく行為ではあっても、その場の条件で両者が同時に成立しない時、そこには悲劇が生まれる。同じように、「弟」という作品がある。この作品の中にのり巻ずしについての想い出がでてくる。運動会の弁当に、切ってないのり巻ずしを持っていったため、はずかしかったというのである。

——運動会の夜、弟が母に「かあさん、もうあんな棒のおすしはいやだぞい。切ってくれやのい」といった時、母は、

「わるかったねえ、ごめんよ」

といって、ふたりがびっくりするほど、顔は、わらい顔でも、なみだをこぼして泣かれたのです——

というのである。これは、母の立場を理解できなかった弟が、何げなくいった不平の言葉が、どれだけ母を悲しませたか。しかも、その悲しみがわたしに理解できたため、わたしは一層悲しい立場に置かれたということになる。

それは「思いやり」という言葉にも絡んでくる。宮口は「子どもとともに」(「木曽の街道端から」)で、次のように述べている。

——思いやりとは、他の思う心情でかんたんな言葉だが、よく考えてみると高度な精神の操作だと思う。自分はさておき、つねに他の心情を考えて自分の行動を判断する操作だ——

しかし、この「思いやり」の心情は、宮口がいうように「高度の精神の操作」であるとしたならば、「ベルツ水」のカツヘイの兄や姉の年齢では、やはりそこまで成長していないともいえる。だが、それによって、カツヘイの心情は踏みにじられ、それは心に受けた傷として後々まで残るものであったといえる。

ここで、宮口の自己の体験を描いた作品を見直してみると、「サツマイモのはなし」「弟」をはじめと

して、悲しかったこと、くやしかったことなどの想い出につながる作品の多いことに気がつく。先に紹介した学校から帰ると、夕方まで子もりをさせられ、泣く子に歌をうたってやる「コマヨの子もりうた」。弟たちより弁当のおはぎを、一つだけ多く入れてくれといったわたしに、そっと黙って入れた母のその心を思って、泣いたという「おはぎのかなしみ」。子どもの親類について話し合っている姿を見て、子どもの頃の遊びを想い出し、「でもそれは、遊びというより仲間はずれになった、さびしさであったり、人をうらやむことをおぼえた最初の経験」であったという「しんるい」。父の死後、母が勤めに出たため弟たちをもりしながら、母の帰りを待つ「かたかたおどりがはじまった」。あるいは、「チョちゃかにせろ」「よながでござる」などがその例である。

こうした作品からみて考えられることは、宮口にとって、これまでの創作におけるこの悲しさ、悔しさは、主要なテーマではなかっただろうか。

宮口が創作活動に本腰を入れはじめた時期、すなわち、大病にかかりその療養中に自分の過去、特に馬籠の宮口家の嫁となって生きた時間をふり返った時、そこにはやはり、理解されないことからくる、悲しさやつらさが横たわっていた。宮口は「私の童話との出あい」の中で、短編集「ミノスケのスキー帽」に掲載されている作品について、次のようにいっている。

――その中には又、自分の幼い時の思い出もありました。

子どもたちに語りかけたい思い出も、数々ありましたが、その中でも一番印象深く残っているもの、一番あざやかなものをひろいあげて、その思い出の素材をとおして、自分は何を語りたいのかと、つきつめてみました――

「ミノスケのスキー帽」に掲載されている作品の一齣一齣は、宮口の精神の成長の糧となって、その出発点にすでに「ベルツ水」に見られる心の傷が残されていた。と、考えられる。その後、ここで紹介した数々の作品に見られる、悲しみを通して、宮口自身が形成されてきたという意味に理解されよう。その経過が、自己の馬籠での生活の苦しさ、悲しさといったものと重ね合わされることによって、より鮮明に作品の素材へと昇華されたのではないだろうか。こうした生活体験を経て宮口が摑みとったものは、人間への「思いやりの心」の必要性であり、特に子どもは、その心をもって接しなければならない、という姿勢ではなかったのではないか。

長編「ゲンと不動明王」の中でみられる兄妹愛。「どんぐりのおねがい」の、ムツオに対するヤスエのやさしさ。あるいは「ミノスケのスキー帽」のゴヘイのミノスケに対する態度や、「ノーチンの絵につき」のノーチンに対する両親のあたたかさなど。また、その他、善意に支えられた作品は、この「思いやりの心」が、根底にすえられているといってよい。

しかし、宮口の作品がどれもあたたかで、善意に満々ている部分だけを、みるのは誤りであろう。そうした意味から、この「ベルツ水」はすぐれた作品とはいえないが、宮口文学を考える上で重要な位置にある作品といえる。

なお、これをもって宮口の童話の世界をすべて語ったわけではない。宮口の代表作である長編「ゲンと不動明王」三部作について、また、文学における影響などふれることができなかった。それらについては、後の機会に発表したい。

（「信州白樺」三六・三七合併号、一九八〇年四月一〇日）

2 「ゲンと不動明王」を中心に——宮口しづえの作品世界

宮口しづえの作品の舞台は、その大部分が現在生活している木曽の街道端か、少女時代を過ごした信州小諸地方である。もちろん、一つひとつの作品を見た場合、その場所がどこであるかは明記されていないものが多い。だが、その作品内容から考えて、そこが街道端につながる場所といってもほぼまちがいないだろう（ただし、作品集「オンタケの子ら」は別）。このことは、宮口しづえの創作方法によるものといえる。

宮口の作品は、自己の体験を生の形のまま語りかける作品と、その体験を木曽の街道端に生きる子どもたちの姿を通してフィクション化した作品とに大別できるが、そのいずれもが、作者自身の実生活の範囲をでることはない。それに宮口の作品は、これまで宮口が生きてきた人生において、直接体験したことや、見たり聞いたりしたこと、あるいは感じ触れてきたものから題材を取り語っている。それはわたしたちが、日常生活の中でつい見過ごしてしまうようなことであったり、ごくありふれたこととして気づかないようなことや、不必要として忘れてしまうようなことを捉え、簡素に描いている。しかし、日常生活のささいなことを描く宮口の眼は、常にその指針に狂いがなく事象の本質に迫り的確に捉え、しかもそれを簡潔な文章で描く。その宮口の描く世界は、独得の風格とスタイル—独自の個性をもっている。特に、このことは「ミノスケのスキー帽」をはじめとする、「オンタケの子ら」「胸にともる灯」「箱火ばちのおじいさん」などの短編に、その手腕をみることができる。

「宮口さんの作品のよさは、筋のおもしろさより、ささいな話の中にかもされる、あたたかさであり、文章の美しさ、描写の丹念さでありましょう。（中略）宮口さんの作品は、清純素朴さと、真実善意にささえられたところにその生命があり、誰の追随もゆるさない境地にまで達していられるのです」（小峰書店版「オンタケの子ら」あとがき）といったのは、宮口と同じ信州児童文学会の先輩である加藤明治であるが、この指摘の通り、「誰の追随もゆるさない」宮口の独自の領域は、短編作品の中にこそあるといえよう。

原稿用紙にして僅か数枚から一〇数枚の宮口の短編作品の中に、深い人間愛と対象を見る眼の確かさ、また人間を善と悪とを同時に内在させているものとしてこれを是認し、なおかつ人間への限りない愛《かな》しさが語られている。その純粋さと生活に根ざした強さは、高く評価されていいだろう。

もし仮りに、宮口の全作品の中から代表作を選ぶとすれば、短編のよさを認めながらも、やはり大多数の人は長編「ゲンと不動明王」を挙げることになろう。したがってここではその「ゲンと不動明王」について考えてみたい。

「ゲンと不動明王」が発表されたのは一九五八年九月。作者五二歳の時の作品であるが、この作品を宮口が書こうと思いたったのは、「ゲンがセイカン寺へついて母さんをはじめて見た時の表現、〝今の人〟この言葉。それは又、わたしのくるしい体験であったのです。この言葉を表現出来たのも、わたしが五歳と七歳の子どもの母になった宮口家の人になった時のことを、いつの日か書いてみようと思ったからで、それが唯一の基点だったのです」（「簾に風」一号）と、作者自身「ゲンと不動明王のころ」で書いているように、宮口家へ嫁いだ一九三四年頃である。実に二〇数年の長い歳月の間、作者の胸のうちで暖められ、ゲンとイズミという人物が創り上げられている。それだけにこの作品からは、作者のゲンとイズミによせる深い愛情と精神の全的な生動が感じられる。この「ゲンと不動明王」のあらすじを書くとこうである。

木曽の貧しい寺、セイカン寺に生まれたゲンとイズミの兄妹は、幼くして母を失いお互いに励ましあって生きている。しかし、セイカン寺に新しい母を迎える話がすすみ、そのためゲンは隣の町のクオン寺へあずけられることになる。

ひとり残されたイズミは、心の支えであったゲンを失い、寂しくゲンの帰ってくることだけを楽しみに待っている。そんなイズミのところへ突然新しい母がやってくる。イズミは新しいかあさんに、兄のゲンのことをいろいろ話してあげようと思うが、新しい母に「男の子はきらいだよ」といわれてしまう。

一方、新しい生活へ胸をふくらませ、期待をもってクオン寺へ行ったゲンは、慣れない生活にとまどいながらも、それなりに努力する。しかし、なにかとクオン寺のおばさんとそりが合わず、不満のはけ口をもたないゲンは、次第に孤独に追い込まれる。学校の体育館の屋根のひさしにアカバチの巣をみつけたゲンは、それをとって「みんなをびっくりさせてやろう」と、青ギリに登ってみたものの、「もうちょっとで屋根のとよのところへ出ている枝に、手をかけようとしたはずみに、どう手がすべったのか、ぴしゃという音といっしょに、どうと落ちて」しまう。この時ばかりは、ふだんおばさんと折り合いが悪い時でも、何かと気を使ってくれるクオン寺のオッサマに、「何のはらいせで、木なんかのぼったよ」といわれ、さすがゲンも涙を流す。ますます孤独におちいるゲンは、ケガがなおって学校へ出た日、友だちのヨキチを殴りつけ、その足でとうとう家出をしてしまう。

そんなことがあって、ゲンはセイカン寺へ帰されるのであるが、久しぶりに帰った自分の家には新しい母がいる。ゲンはとまどい、新しい母に〝かあさん〟と呼ばないゲンの反抗に、妹のイズミは小さな心を痛める。そして新しい母に反発する。しかし、ある夜クオン寺の部屋に置いてあった不動明王がゲンの前に姿をあらわし、「かあさん！　て、いえないような口ならとってしまうぞ」とつぜん明王さまは、つるぎを立てて、ゲンのところへとびついてくるように、もえあがる。

翌朝、ゲンは弁当のおかずの卵焼きを見て、「かあさん！」と口にする。

作品はこのあと、「セイカン寺にもまた、たのしい春がきました」で終わる。

この「ゲンと不動明王」は、長編としての複雑なストーリーはない。しかし、そこに描きだされた情景は、わたしたちの胸をうつ。殊に、ゲンとイズミの兄妹愛の美しさや孤独は深い感動をともなう。

たとえば、ゲンがクオン寺へ行く朝。タカラの箱に大事にしまっておいたころがし玉を一つ出して、イズミにくれてやる。イズミも「にいちゃんは、クオン寺へ行ってしまうから、こんなだいじなものを、くれるんだと思うと、にいちゃんにもなにか、やりたくなり」模様のついている「ガラスびんのかけらをつるつるした赤い紙に、だいじに包ん」だままくれてやる場面。またお正月になってもゲンは帰ってこない。オッチャンから「峠の道は、雪にうずもれてしまって、もう通れなくなっ」たことを聞くと、イズミは「にいちゃんがもう帰ってこないような気がして、悲しくなり、「きょうもまた、えんがわに出て、あとからあとから、こやみなくふっている雪を見ているうちに、この雪といっしょに、にいちゃんが舞ってくる」のではないかと、はねたり、歌をうたって悲しさをまぎらわす場面。あるいは、青ギりから落ちたゲンが、その晩「いくら目をつぶってもねむられないし、からだをうごかせばいたいし、どうしようもなくって泣きながら」しゃべる場面。そして学校の友だちが見舞に来て、帰ってしまったあとのゲンがイズミにつくずく会いたいと思い、イズミからもらったビンのかけらでなぐさめるといった場面など、微妙なところに現われている。

こうしたゲンとイズミ、さらにはゲンやイズミを取り巻くオッチャン、新しい母、クオン寺さまやそのおばさんをはじめ村人たちの心理描写、あるいは情景描写のうまさは、宮口が「ゲンと不動明王の感想」(「とうげの旗」一五号)の中で、「文章のうまさ、まずさということは、一つの技術にもあると思いますが、その前にもっと大事なものがあることに気がつきました。たとえば何でもないことですが、一〇月一〇日夜八時四〇分頃のオリオン星座は、どんな具合になっているかと、正確にみることです。(中略)これが正確になされている場合は、文章の裏側に張ったものが出来てきます」という、その観察の積み重ねによるものであろう。しかし、正確な観察をしたからといって、誰しもそれが生き生きと描き出せるとは限らない。やはりそこには、日頃の観察の積み重ねと的確な言葉で表現するすべを、宮口が身につけている、というよりほかにない。

すぐれた作家というものに、もしその独自の才能があるとすれば、それはそのことを指すのではないだろうか。確かに、その点で宮口はすぐれた作家であり、同じものをみても深く確かにみる眼をもっているといえよう。

だがしかし、いかにすぐれた観察と描写がなされていようとも、それだけではその作品が充分とはいえない。この「ゲンと不動明王」におけるすぐれた観察と描写は、それはゲンとイズミの兄妹愛の哀しさと孤独、そして背景となる情景に限られる。このことは、この作品ですぐれた観察と描写の部分とは別に、ゲンとイズミの孤独—不幸へ追い込んだものが何であったのか、を考えることでわかるだろう。

この「ゲンと不動明王」のひとつの主題は、母を失ったゲンが、どう新しい生活の中で生きていくかにある。母を失った不幸の上に、ひとりだけクオン寺に連れられていったことによる不幸の二重性。そしてその不幸の重なりの中でゲンがどう生きたかであるが、ゲンの日常生活は手にとるように描かれている。しかし、ゲンをここまで不幸に追い込んだものが何であるか、その点でのゲンの自覚—作者の観察と描写はない。

一年近くも他人の家に預けられたゲンが、そのことによって自分の孤独をふり返り、これを乗り越えて生き抜こうとする姿勢を最後まで身につけずにいる。またクオン寺や新しい母を迎えたセイカン寺におけるゲンは、おばさんや新しい母に反発はしても、相手を理解しようとする姿勢も見せない。むしろ、その点ではイズミの方が、新しい母を何とか理解しようと、オッチャンやかあさんとゲンがうまくゆくようにあれこれと気をつかい、小さな胸を痛めている。

しかし、そのイズミもそれを思うだけで、口には出していない。もっとも、それはイズミの年齢や、新しい母に対する立場、また当時の時代的背景を考えれば考えられないことではない。また、ゲンの新しい母に対する反抗も、それまでつんぼさじきに置かれていたことが原因であり、ゲンを責めることはできないだろう。むしろ、孤独な環境におかれたゲンとイズミに許された、精いっぱいの生きる道だったといえる。

だが、それにしても、クオン寺のおばさんや新しい母に反発することでしか自己の主張を表わせないゲンの姿勢は、自ら孤独へ追い込むことはあっても、孤独を生き抜く力にはならない。文学である以上、作家がどのように主題をもってゆこうとも、それは作家自身の創作方法と認識の問題であるから、別に異をとなえるつもりはない。しかし、「ゲンと不動明王」で、作家宮口しづえの限界をみせられたような気がする。

しかし、もしここでゲンやイズミを不幸にしていったものが何であったかを、より深く確かにみることができたなら、結末は大きく変ったであろうし、宮口の文学そのものがもっと外に拡がり、今日なおへだたりを感ずることはないだろう。

この「ゲンと不動明王」における描写のうまさと観察の鋭さには惹かれるが、同時にへだたりを感じる。

（「日本児童文学」九月号、一九八一年九月一日）

3　「箱火ばちのおじいさん」

わが家で火ばちを使わなくなってから、もう何年もたつ。今は、電気コタツとガスストーブを使用している。これは火ばちに比べると使用がまことに手軽である。種火を起し、炭をたく手間に比べると、スイッチ一つですぐ用はたせてしまう。これらの器具はまったく便利この上ない、から。

工場生産の大量化に伴って、人びとの生活は「まことに便利になった」の一言につきる。だが、この生産ルートに乗らない面における生活は、逆に一層不便の度合を増してきている。たとえば、「火ばち」の利用にしても、今どき炭をたいて「暖をとる」などというのは一種の「ぜいたく」行為に属する。第一に炭の入手が大変だし、それに火ばちのある家庭が都会の団地にはほとんどなくなってしまった。

宮口しづえ氏の作品「箱火ばちのおじいさん」の題名になっている「箱火ばち」などは、生活用具から民芸品に昇格されてしまって、デパートの民芸品売場へ行かないと、もうみあたらなくなってしまった。もともと、「箱火ばち」なるしろものは、一般の日常用品ではなかったのだから、民芸品に昇格してもあまり驚くにはあたらないかもしれない。実物にはあまりお目にかかれないとしても、時代劇ブームのテレビ界では重要な小道具の一種であろう。目明しの親分だとか大店の旦那衆の膝の前になくては、その場が様にならない大切な小道具である。その点、町人や百姓にはとんと縁のないしろものである。箱火ばちの前に胡座をかいて、キセルで一服できるなんて身分の衆は、また逆に、労働生産の現場にはない。

「箱火ばちのおじいさん」は、七〇年近い人生の年輪をくぐりぬけた宮口しづえ氏の体験の中から創り出された作品である。単に、作者が六〇何年生きたという結果だけでなく、その長い年月を人間として、女として、さらに嫁・妻・母親としての多くの苦境を生きぬいてきた人間の年月に洗われた心のつぶやきを聞くことができる。

「箱火ばち」に象徴される地主的権力の座に、どっかりと座り込んで生きてきたおじいさんの人生は、戦後の農地改革に伴う小作地の消失によって大きく揺れ動いたが、なお、おじいさんの生活の根底には消しがたい地主的心情が生き続けていた。

作者は、このおじいさん（実は義父にあたる）と二人で三〇年近い年月を馬籠の地に生きぬいてきた。その長い年月の中で、作者は、戦前の農村における支配形態の矛盾をおじいさんの姿を通して見い出している。

箱火ばちを前にして生きた人間と、その前の土間で「ヘイヘイ」と言葉少なく頭をたれるだけの人間。この両者には、単に耕作地の貸借だけでなく、全人格にまでおよぶ支配・被支配の関係が存在している。そこには、当然人を見る目も異なり、価値観も異なるはずである。地主の家の嫁という立場にある作者には、おじいさんの持つ価値観とは別の価値観が存在したであろうし、また、そのためにより多くの苦労が生じたであろうと考えられる。

作者は、この作品の「あとがき」の中で、「おじいさんの考え方というのか、……価値観というものが、わたしと違っていたということに気がついたのです。それともう一つ、わたしはいつも、おじいさんに、何かしてあげるんだ、やってあげるんだと思っていたことにも気がついたのです」という。

舅につかえる嫁の不平不満は、数えきれないほどあったであろうが、それらのすべてが、作者の「人生の年齢」というフィルターを通すことによって、古いアルバムをひろげた時のような目を作者にもたせた。そこには、感情のいきちがいや、言葉のニュアンスによる心情のもつれといった日常生活の中の波紋は消されている。

作者は、それらのアルバムを過ぎた日のノスタルジアとして見ずに、人間の生き続けた姿として捉えたからこそ、自分とおじいさんの立場の差、価値観の差をつかめたのである。この差をはっきりと自覚し、自分の生き方の中にそれを包括するだけの年齢的・精神的な余裕を持つことによってはじめて「おじいさん」自身を理解できたといえる。

これは、おじいさんとの妥協や、老齢化したおじいさんに対する同情や哀れみではない。同じ「あとがき」の中で、「ある朝わたしは、洗濯物を背負っていることもわすれ、一面の野花にみとれ……まるで六〇歳になったおばあさんの私が、若い乙女のような心になって……」という。世俗の物事に心をふりまわされていた自分が、そうしたことを超越した時にはじめて、相手の喜びを自分の喜びとできる。したがって、この作品には、おじいさんや、嫁の置かれた環境に対する不平や反抗の感情は書かれていない。しかし、文章の行間にそれらの心情をのりこえた作品の生きた姿が読みとれる。作者が、おじいさんの言動を客観的に眺められたのも両者の利害関係から一歩さがって、これを見るだけの心のゆとりを取りかえしたからでもある。

人生の半分を地主としての立場で生きたおじいさんの小作人に対する態度は、「こわい地主さま」に書かれている。

――小作人が用事があってたずねて来ると、箱火ばちの前にすわったまま、「キサマ、なんの用事できたよ」とばかり、キサマ呼ばわりでした。……おじいさんが「キサマ」と小作人を呼んだときの、その声といい、その威厳といったらいいのか、いばったようすは、実にたいしたものでした――

この「キサマ」呼ばわりされていた小作人たちも、戦後農地解放によって自作農として独立することになった。この時代の変化によって、地主としての権力を奪われたおじいさんが、かつての小作人であったマンキさのふろ場のえんとつをみて、ふたりきりなのに、ひそひそ話をするような声で「マンキさの家のふろ場のえんとつより、うちのえんとつのほうがまだ高いなあ」（えんとつの高さくらべより）と、真剣な顔つきでもらした言葉からは、権力を失っても、なお、かつてのプライドだけは持ちつづけているおじいさんの心の悲しさが、どうにもやりきれないものとして伝わる。

「おじいさんの買い物」には、おじいさんが社会の変化に応じきれないでまごつき、なお自分の方向で生きようとする姿勢が見られる。

中仙道が舗装され、中津川駅からバスが通っていることと宮口氏の家の前にバス停があることは、宮口氏の作品を愛読する人には先刻ご承知の通りである。このバスが通り出した頃、おじいさんは「あんなところへバス停ができてもバスにのるお客はあるまい」という。おじいさんにしてみれば、「七〇年も八〇年も、いままであるいて中津川へ行ったんだから、バス代がもったいない」というのであり、作者は、その考え方が理解できないでいる。ここに、両者の生きている時代の差を見ることができるが、決して作者はそのためにおじいさんを馬鹿にしたり、哀れんだりはしていない。

この話のすぐあとに、主婦の店でのおじいさんの買い物話が紹介されているが、セルフサービスシステムがわからず、疲れきって帰ったおじいさんのふろしき包みから、コロンとでてきたつぶれかかった恵那まんじゅうは、「人間の情」の味がしたような気がする。

おじいさんの生きた環境がどんなものであったのか、ということはこの「箱火ばちのおじいさん」からは十分つかみとることはできない。しかし、おじいさんと共に生きた中で作者が、生活の中にとり入れていわば生活の知恵として、今なお生かし続けているものは多い。

作品としては、「たくあん作り」「お百姓とタネ」「カボチャにばけたスイカのタネ」などがある。その中の一つ「たくあん作り」についていえば、大根を塩とコヌカとナスの枯葉で漬けるだけのことだが、漬物ダルの特徴を知って塩加減をきめる話は、昔話としてでなく今でも作者の家に残る生きた生活の知恵であろう。

すすけた漬物の部屋の壁にはりつけてある、醬油造りの標準量をしるした紙などは、農家の若い主婦にとっては大切な指導書となっている。

人生を主体的に生きるということは、長い人生経験として行なわれてきた多くの試行錯誤から得られた生活の知恵を、いかに日常生活の中で活用していくかである。

環境によって与えられた条件にいち早く適応し、時代の波に乗って生きる生き方もある（それを頭から否定するつもりはないが）。だが、そこには自分の体験から作り出した生き方というものは存在しない。もちろん、過去の体験にのみ生活の基盤を求めて現代を生きるならば、その生き方は現実社会と矛盾し、苦痛を自他共にふりまくおそれがある。しかし、私たちは、そのために先人の蓄積を一笑に付すことは許されない。

めまぐるしく変化する社会の動きに伴って、その中に生きる人びとの価値観も大きく変化する。その変化のスピードと価値基準に乗りきれないで、過去の生活感情の中に生きる方面を見い出している人びとを、簡単に「古い」という言葉で社会の片隅へ追いやってしまうことはできない。はたしてそれだけが人間の進歩だろうか。この問に対する答を、私たちが十分つかめない間に、高度経済成長政策を導入したことが、今日の社会矛盾の要因であるともいえる。

私たちは、生活環境の変化に伴って、生活の様式や生活内容を変化させざるを得ない。私は、現在団地の三階に住んでいる。ここでは、風呂は電気温水器を利用したものである。ガスを使うのでないから、煙突はないし焚き口もない。まことに便利この上ない状態というべきだろう。しかし、ここではマキを焚く風呂は欲しくても使用できない。

こうした日常生活の便利さは、人間の精神の向上とは何ら関係のないことであるにもかかわらず、何となくエラくなったような気がしないでもない。だが、もしこうした生活様式の便利さが、人間の進歩だと考えるならば大きな誤りである。私たちは、こうした環境の変化によって知らず知らずのうちに、生活様式の便利さだけを求めて、人間の精神を忘れているのではないだろうか。

開発の名のもとに自然を破壊してきたわが国の政策の欠陥は、単に自然環境の消失だけでなく、人間の精神の荒廃をも招いている。マスコミの波に乗って、スイスイと進むものが偉くて、そのルートからはずれた地点で「人間」を探し求めている者は、あまり問題にされないとするならば、何をかいわんやである。私たちは、今こそ先人の残したものの中から受け継ぐべきものと捨てるべきものの選別の基準を、「人間の生き方」の面から問い直すべきではないだろうか。

児童文学の世界において、この先人の生きた姿をどう現代に結びつけるかが、一つの課題である。過去の民衆の生活を掘り起こすことと、現在いわれている「民話の発掘」という発想とには、一つのズレがあるような気がする。この両者を短絡的にイコールで結びつけてしまうことによって、土に生きた民衆の汗が、そして重労働の押しつけによって流れた涙がいつのまにか乾き、同じ顔を持つ登場人物の話に変化してしまうおそれがある。

そこには、すくった両手の指から落ちこぼれた汗と涙の匂いがない。この汗と涙を失った児童文学は、時代をこえて生き残るには不十分なものといわざるを得ない。

この作品集「箱火ばちのおじいさん」の中心をなすものは、おじいさんの生きた姿であり、時々に感じた作者の備忘録である。

しかし、個々の作品を見た場合、そこには旧中仙道の宿場町に生きた農民の姿がある。教職を捨てて、農婦になった作者の農民を見る目には、農業を愛し土に生きる人びとに対する共感の情が感じられる。

ここには、都会ではもちろんのこと、村落共同体としての意識がうすれた農村においても、あまり見ることのできなくなった四季の行事を通して、当時の農民の生活実態をかいま見ることができる。特に作者の家庭が神主の職を司どることによって、一般家庭にはない出来事も紹介されている。「七草がゆ」もその一つである。また「なるかならぬか」も七草の行事の一環であり、いかにも神職の家の行事らしいものである。

一月七日の七草がゆの作り方と、そのかゆを食べた後、庭にある実のなる木一本一本に秋の収穫を願って行う行事が「なるかならぬか」である。

現代の私たちが読んで見ると単純で、何ともたわいのないことであり、「迷信」というか「古くさい」の一言によってかたづけられそうな行事である。が、寒風の中でそれを行った人びとの心の中には、生産に対する自然神へのぬきがたい信仰が存在している。これは、農業生産が常に自然の力に左右されるものであり、人力ではどうにもならない部分をもっていることに対する人びとのはかない生産に対する願いでもある。

行事は、神になる人と、木になる人が庭の木を間にして、神が「なるかならぬか、こりゃどうじゃ」と呼びかけると、木が「なるなるなるなる」というだけのことである。こうした行為は、たとえ、それが非科学的な行為とわかっていても、それを信ずることによって、その中にいささかでも不信の念が入り込めば、それだけですべてが無意味になる。ここに、農民の生産への姿がある。この姿を「農民の無知」として笑うことは、農業と農民の置かれた立場を理解しない者であろう。

また、「小さなおまつり」にある山の神を祭る行事にしても、裏山のクサマキの木の下にチョコンとある祠の前で、神主がおはらいをし祝詞《のりと》を読み、その後、祠の前でたき火をして酒を飲むだけのことである。これだけの行事が、村の人びとの中に生き続けてきたというのは、単に公然と酒が飲めるという以外に、農業と自然のつながりがいかに大きく、人びとにとって自然を司どる神の存在が無視しえないものであったか、を物語る。同じような行事でも「こわい地主さま」にある「秋じまい」の行事は、秋の収穫が終った日に、地主の家で酒をご馳走になるだけの行事である。これは、戦前のニイナメ祭に通ずる行事であると思われるが、「今でもわたしは、そのことばを聞いたり、ひとりで口にしてみても、子どもの日にあしたの遠足を待ったときのような楽しさが、胸の中にわき上がります」という作者の感想からは、当時の農民の生活の貧しさと苦しさが感じられる。

農民の貧しさといえば、この作品の中の「米の音」は貴重な語りである。馬籠よりもっと山深い里に残る話であるが、「五〇年、六〇年、小作百姓ひとすじに生きてきた百姓が死んでいくときに、……竹のつつの中へ米を入れて、死んでいく病人のまくらべへ近よって『これが米の音だぞえ』とばかり、その米のはいった竹づつをふってみせた……」という話だ。この話は、遠い昔の語り話ではない。作者が生きた同時代と地つづきの、ほんのひと昔前の話である。

山村の小作百姓は、汗水たらし、地にはいつくばって作った米を自分の口にすることもなく、病の床で竹づつで鳴る米の音を耳にして死んでいったのである。彼らにとって「米とは何であったのか」を自らに問いかけることもなく、その音だけに安心して死んでいった農民。この話は、農業生産力の増加と時代の変化の影に消されつつある。作者は、この話を紹介してはいるが、その事実の根底にある社会組織の矛盾に対して、一言も書いていない点にいささかものたりなさを感ずる。

明治維新による近代社会の発展は、それまで農耕生産を主体としていたわが国の経済体制も、工場生産を主体とするものに変えていった。戦後におけるその変化は、きわめて大きい。単に生活様式の変化だけにとどまらず、人間の価値観までも変えさせてきた。かつては、日常生活用品であった品物が、民芸品的立場におかれ、それまでほそぼそと伝えられてきた年中行事が、観光資源としてクローズアップされてきている。

人びとは、商業資本の宣伝にのせられ、作られた郷土料理にノスタルジアをかきたてられ、演出されたふる里の中に自然の美しさを感じている。しかし、この作られた郷土観の網の目からこぼれ落ちた、土に生きた民衆の生活の中の汗と涙とわずかな楽しみについて考えようとは思わない。

観光ブームに賑わう中仙道の宿場の裏通りの畑に、そして山あいの水田に、鍬をふるう人びとの生活を見落とすことなく、その中から「人間の生きた姿」をつかみ出すことが大切である。作者が、箱火ばちの前に生きつづけたおじいさんの姿を通して、それを追求しようとして書かれたのが、この作品集である。この作品集は、初めの部分で述べたように、作者の目があまりにも浄化されているために、見方によっては作者のノスタルジアとも受けとめられないことはない。

最近作の「キタじいと木曽馬」に見せた作者の目が、この作品にも働いていたら、人びとの生活の裏面にある社会矛盾・人間の欲望などをもうひとほりできたであろうと思われる。

（「児童文学評論」一一号、一九七六年四月一日）

4　街道端での宮口さん

名古屋から国鉄中央本線で約一時間乗ると、中津川市に着く。そこから、さらにバスで三〇分ほど山の方へうねうね登ってゆくと、藤村の「夜明け前」の舞台となった馬籠に着く。旧中仙道馬籠宿の南端にある訪諏神社が、宮口さんのお宅である。

中津川市の駅前も、ここ二、三年の間にすっかり様子を変えてしまったが、宮口さんの家の前を走るバスは、日に四本とこちらは変わらない。不便なようだが、バスの時間に合わせて名古屋を出ると、うまいぐあいに宮口さんの戸口の前でバスは停まる。そんなことで、気軽にチョイチョイお邪魔している。

ふだんは、切り炬燵のある台所で話をするのだが、昨年から今年にかけて、病気で臥せっておられたため、玄関を入り広い土間に面した居間（作品に出てくる箱火ばちが置いてある）を通り抜けた、奥座敷でお会いしている。

お会いすると大抵私の方が、日頃の愚痴をこぼして、それを宮口さんが聞くという恰好になる。今までに何一〇回となくお会いしている。そのたびにこうしたことの繰り返しだが、宮口さんは一度として、イヤな顔をされたことがない。そこは、人生経験豊かな宮口さんのこと、私を傷つけないように、「そんな時には、本を読んだり、苦しんだりしなさい。一番成長する時だから」と、やさしくいってくれる。

こういう宮口さんであるから、病気で臥せておられても、いつでも枕元には本が二、三冊と鉛筆とメモ用紙、それに新聞が置いてある。時には、同人誌や文芸雑誌などが広げてあることもあるが、どんな時でも本を読むことを忘れない。

若い頃、島崎藤村に傾倒し藤村全集を繰り返し読んだという有名な話、宮口家へ嫁いで、畑仕事に出かけるのにも「新生」を懐へ入れていった話など、宮口さんの読書にまつわる話は実に多い。いつ頃だったか忘れてしまったが、ある時、こんな話をしてくれたことがある。

隣り村の薬局へ嫁にいっている娘さんの所は、田舎のことだから、薬と一緒に週刊誌も売っている。その娘さんが、時々、古い週刊誌を宮口さんの所へ持ってくることがあるらしい。

台所の火ばちのかげに置いてあるのを引っぱり出してきて、「私は世間で一般的にいわれるワイセツまがいの週刊誌や、くだらないといわれている本も読むことがある。しかし、藤村という人は、こうしたくだらない本は、読まなかったのだろうか。たとえ読んだとしても、そうしたことは、口に出さなかっただろうと思えるのだが……」と、しみじみいわれた。

宮口さんの読書は、決して幅広い読み方とはいえない。が、しかしその読みの深さには驚くばかりである。

七〇歳を超えられた現在、「今は、嫁が帰って来て、身のまわりの世話をしてくれるので、うんと助かり、時間もあるから本を読んで考え、考えては本を読んでいるの」と、いわれるように、その読書意欲は衰えるどころかますます盛んである。

しかし、そうはいわれるものの、私が月に一度くらいの割でお訪ねしても、日によって近所のおばさんがたずねてきたり、村人たちが困り事で相談にくる。かと思えば、馬籠へ来たついでにお会いしたいと、突然たずねてくる人もいて、案外そんなことで時間を取られることが多いのではないか、と思われる。

近所のおばさんたちといえば、木曽に春の訪れたある日、私がいつものように宮口さんの家へ行くと、床の間や箱火ばちの上に、白い可憐な花をつけた馬酔木《あしび》が活けてあった。それは、「今朝早く、山へ行ったらこんな花が咲いていたで、ねえさまなら好きだろうと思ってとってきたわ」と、近所のおばさんが持ってきてくれたものだという。

お愛想もなく、馬酔木の大きな枝を一本置いていったという、近所のおばさんの好意。それを心から喜び、眼を細めてじっと見る宮口さんの感謝の念。一枝の花からえもいわれない、あたたかいものが漂っていた。

口にこそ出されないが、そうした信頼関係ができるまでの長い間には、言葉ではいいあらわせない苦労があったと想像される。それだけに、その日、宮口さんの口から溢れた「私も、やっといきつくところまできた」という言葉が印象的だった。

日頃、口癖のように「近所の人たちと仲よくしなければ……」と、いわれてきた宮口さんだけに、私はその言葉を、実感として受けとめることができた。

こんな宮口さんを、私は母親のように思える時がある。

（「宮口しづえ童話全集」第四巻　筑摩書房月報三、一九七九年七月）

第4章　伝えておきたい作家と作品

1 「赤毛のポチ」

山中恒　作／しらい・みのる　絵／理論社／一九六〇年／二六七頁

子どもへの責任と新しい時代における自立の確立と、試されなかったために新鮮な期待感をいだかせた社会主義志向は、だから戦後児童文学においてはつらつとした作品を生んだ。その一つが戦後の記念碑的作品である山中恒の「赤毛のポチ」である（神宮輝夫著「児童文学の中の子ども」）。

この作品によって、プロレタリア児童文学運動以来の課題であった「変革のリアリズム」は初めて一つの形をなした。即ち、登場人物が作者の社会批判の道具としてではなく、生きた人間、本物のリアリティを持った存在として、初めて読者の前につきつけられたのであった（藤田のぼる「日本児童文学」一九七六年一〇月号）。

これらはいずれも「赤毛のポチ」について、評価されたものであるが、今日この作品を日本児童文学におけるリアリズム作品の出発点に位置づけている。この点については、だれもが認めるところであろう。しかし、要は、この作品をどう読むかではないだろうか。

野良犬の赤毛のポチが、その日暮しの生活をよぎなくされている軍艦長屋のカッコの家に住みつくことで、この作品は始まる。

水道のないこの長屋では、一〇〇メートルも先にある井戸まで水を汲みに行くのだが、それは三年生になったカッコの重要な仕事であった。もちろん、共働きの家庭であるため台所の夜の仕事もほとんどカッコの役目となっている。そんなカッコの生活の中へ、赤毛のポチは住みつく。ところが、ある日同級生で金持ちの家の館田武は、ポチを自分の犬と思い込んで無断で連れ去ってしまう。ポチをとり返そうとしたカッコは、担任の乾先生の口添えでいったんは犬を手にするが、帰る途中腕力で奪いとられてしまう。一方、館田家では金持ちという社会的地位を利用して、ポチを正式に手に入れるよう働きかける。こうして、カッコは赤毛のポチの存在を通して、金持ちと自分との差を理解させられていく。

作者はここで、単に金持ち対貧乏人という相対的な捉え方をせず、貧しさ故に泣き寝入りしかできないカッコの生活の内部から、その実態を浮彫りにした。そこにこの作品の、リアリズム文学として優れている一因がある。

しかし、一方、異様な言動をみせる武は原爆による精神障害児という設定である。この武は、カッコの犬を自分の犬だと思い込んでしまったり、夜中に学校の音楽室にもぐり込みピアノを弾いたりする。また、友だちの家へ行くと、夜中まで帰らず家人を困らせる。ところが、武の母親は、これについて精神障害児だから、ということで何ら手を打っていない。姉の文子も内心苛立ちながら、母親以上の手段もなく、母娘して泣くだけである。この設定は何を意味するのだろうか。

金持ちが必ずしも幸福ではない、という発想から来ていると見てもさほど間違いではないと思う。しかし、何よりも金持ち階層の実態を十分認識した上での描き方とはいえない。先に、リアリズム文学の出発点に位置づけられる作品と評価したが、この武一家の言動を見るかぎりでは、リアリティはくずれている。たとえば、武の設定であるが、これは乾先生の友人の手紙にある「ノーモア・ヒロシマ」と重ねるためのものであって、それ以上でも以下でもないこと。また、武が夜中の音楽室で弾く「ザ・ブルーベルス・オブ・スコットランド」にまつわって、磯崎先生の兄が登場し、戦時中のマニラ近辺での殺人話が紹介される。また、武のこのピアノ事件は、結末の武を救う唯一の手段として引かれた伏線である以外に、ほとんど何らの意味をもたないこと、など。こうした点を見てくると、赤毛のポチを間にはさんでのカッコと武の対立が、カッコに貧乏の意味を教えることになり、大人社会のあり方を理解していく重要な関係をなすべき点である。

にもかかわらず、武自身の生活の中には、原爆反対の意味はあっても、国家権力の末端に結びついて、利権を手中にしようとしている階層へのアプローチにはなっていない。また、乾先生をはじめ同級生たちの行動にいたっては、表面的な描写に終っている。特に、子どもたちの武を見る目は、単にカロチンという仇名をつけた程度である。この作品の中心が、カッコを含む軍艦長屋の人びととの生活にある以上、その他の部分が多少省略されるのもうなずけないこともない。が、しかし、カッコとのかかわりにおける武の言動が、精神障害児という点で許されていることに、この作品の決定的な弱点をさらけだしている。

カッコをして「金持ちって大きらい」といわせた根底にあるのは、武に犬を奪われ、それをとり返そうとした時である。武に味方した男から足ばらいをかけられ、その上「あの山ザルみたいなやつによ」といわれたことである。その金持ちの一面を代表する武が、障害児であることによって、カッコの金持ちに対する批判――怒りは持って行き場のないものになってしまう。

それは、作者が問題の本質を単にカッコと武の問題として捉え、解決しようとしたことによる。貧しいカッコにとってポチは唯一のものであり、心の支えでもある。カッコには、これ以外には何もない。しかし、金持ちの武にとっては、確かにポチは心の支えであっても、それが絶対的なものではない。この点について、作者はカッコに「苦しさを我慢して乗り越える」という精神主義を押しつけるだけで、武への批判はない。ここにこの作品を、底の浅いものにしたと同時に、きれいな結末へと持っていった原因がある。この後、物語は弟のシゲ坊のケガを発端に長屋に組合が作られる。一方、同級生たちがカッコも武も同じ仲間として認めあうところで終る。この場合でも、同級生がカッコと武の間に存在する問題の本質について、一切語らない。単に友情の暖かさという方向で、解決の糸口を見い出そうとする。これではカッコは救われない。

やっと武の家から解放され、カッコの手元に帰ったポチにも、新しい生き方が約束されたかと思ったら、実は相変らず貧乏長屋でウロウロしているうちに、皮にされてしまったという。

この後日談は日本のリアリズムの運命を、何となく象徴している。「赤毛のポチ」で提出された児童文学のリアリズムは、今日もなお、ポチのようにウロウロしているのではないかということで。

（「日本児童文学１００選」日本児童文学別冊、一九七九年一月一五日）

2「ぼうしさんのかくれんぼ」

さねとうあきら　作／理論社／七〇頁

ありのまま描く「大人の物指し」捨てた視点

相変らず親子心中・校内暴力・家庭内暴力・受験戦争・飛びおり自殺・非行の低年齢化と子どもたちをとりまく環境は悪化のまま、今年もまたピカピカの一年生の入学時期が近づいてきた。

その一年生の可愛さに、つい親も先生も甘い態度になり、知らず知らずのうちに過保護の状態を作り出し、そのつけが数年後に非行という名を持って帰ってくる。としたら、親たる者はどう子どもに接するべきか。

さねとうあきらの「ぼうしさんのかくれんぼ」は、小学一年生の半年の生活を、ぼうしを仲立ちにして描いた作品である。

過去に「じべたっこさま」や「なまけんぼの神さま」「ジャンボコッコの伝記」などでユニークな子ども世界を描き出してきた作者が、低学年向け作品にまでその世界を拡大し、描き出したこの作品には類似の作品にみられるような甘さや、安っぽい優しさはない。現実世界に存在する幼児集団の中に見られる様々な葛藤や、大人世界とのかかわりなどをそのまま作品世界の基盤にとらえて、その中で生きようとする主人公の姿を、作者は客観的に冷静な眼で描き出している。

学校へ行く後ろ姿を見ると、まるでランドセルが歩いているように見えるほど小さいマミちゃんは、ピカピカの一年生である。そんなに小さいマミちゃんも小学生になったうれしさを、身いっぱいに表現して学校へ通うのだが、そこには甘い夢の世界は存在しなかったようである。

帰る時間がみんなより遅くなりだしたマミちゃんは、帰り道の林の中で、一人ぼうしと遊んでいやなことを忘れようとしていたのである。どこにでもいるいじめっ子が、マミちゃんを「ヒゲっ子、ヒゲっ子、ヒゲがある…」と、いびっていたのである（マミちゃんの本当の名前は、ヒゲタ・マユミである）。

そんなマミちゃんに母親は、慰めの言葉は与えない。マミちゃんも母親が迎えに来てくれたことに満足して楽しく帰る。それでいじめっ子のいたずらがなくなったわけでもないし、マミちゃんが大人から特別な扱いをされたわけでもない。

やがて秋の運動会がやってくる。その練習に夢中になっていたマミちゃんの赤白帽がいつのまにか消えていたのである。それについて先生は、マミちゃんの不注意だとして、それ以上何も考えていない。帽子が出てくればそれでいいということである。

現実の世界では一年生だからとか、体が一番小さいから、という理由だけでは決して甘やかされることはない。それに対して、うじうじしたりめそめそしたりすればかえって、厄介者扱いされるのがおちである。

マミちゃんの帽子は、運動会当日もどこかへ消える。もちろんいじめっ子の仕業であるが、母親の偶然によってこの危機は救われるが、作者はマミちゃんを「ほかのウサギたちとリズムが合わずに、ピョンピョンピョンと、いそがしそうにとびはねています」と、突き離して描いている。
　大人が大人の物指しで子どもをはかり、大人の自己満足を得ている部分にこそ、今日の現象を生み出している要因があるのではないだろうか。子ども世界の存在を大切にするということは、その中に生きる子ども世界の実体をありのまま認識させることであり、それを通して生きる意味を身につけさせることではないだろうか。

（「図書新聞」一九八二年二月二六日）

3　自然との一体化——北村けんじ作品論

北村けんじの作品は、現代の子どもたちの生活の一面を切りとり描いた「ハトと飛んだぼく」や「坂道のある学校」などのような作品もあるが、海や山を舞台に、自然の中で生きる人間や動物を描いた作品が多い。

なかでも、一九六八年に発表した「うりんこの山」と一九七一年に発表した「まぼろしの巨鯨シマ」は、北村の代表作ともいえる作品であるが、海や山を舞台とした、のちの、「トモカヅキのいる海」「さよのいそ笛」あるいは、「サロクふうりん」「ドンが見た凧の鳥」などを生みだす土台ともなっている。この二作品は、共に、全国読書感想文コンクールの課題図書に選定されたこともあって、多くの子どもたちに読まれ、親しまれた作品であり、それなりに高く評価された作品である。

鈴鹿山脈を舞台に、その中で生まれ育っていく、三匹のイノシシの子たち。三つ児として同時に生まれた彼らであるが、そこには際立った個性を与えられ、同じ兄弟でも生き方のちがい。そしてまた生きるということ自体のきびしさについて語りかける「うりんこの山」。また、舞台を海におき巨鯨シマをめぐる、浜の漁師たちの生き方を追求した「まぼろしの巨鯨シマ」。いずれも舞台は、山と海のちがいはあっても、そこには自然のきびしさに立ち向ってゆく、イノシシの子どもたちや漁師の子、カイズ少年たちの姿を、作者は、時には優しく時には厳しく見守りながら、自立と成長の過程を鮮やかな自然描写と共に、緻密に描き出している。

この二作品でみせた自然描写の鮮やかさ、緻密さの点では、のちの、海や山を舞台とした「トモカヅキのいる海」をはじめとする、一連の作品も変りはない。いや、さらに、その描写は深められているといってもよい。しかし、この二作品をはじめとして、「ハトと飛んだぼく」など、処女作を発表した時から、「チョビ屋は町のまがりかど」を発表した一九七四年までと、「トモカヅキのいる海」を発表した一九七五年以後の作品とには、あきらかなちがいがみられる。

それは、読者対象が高学年向けの作品と、低中学年向きの作品といった差や、長編と中短編のちがい、あるいは素材のちがい、といった物理的なものでなく、作者の作品に対する視点の置き方によるものではないだろうか。このことは、初期の作品では、北村が住む郷土の自然を作品の舞台にしながら、作者の視点はもっぱら主人公の生き方の上に焦点があてられ、その成長過程を軸に描かれてきたのに対し、一九七五年以後の作品においては、主人公の姿を自然の中に生きる人間として、その自然と一体化して捉えようとしている点にある、とみる。では、どのように自然の中に生きる人間を、自然と一体化して捉えているか、ということであるが、そのまえにこれらの作品を簡単に紹介しておく。

「トモカヅキのいる海」は、漁のできなくなったホウズキ浜を捨てて、海女たちは隣のゴゼ浜へみんな出稼ぎにいってしまう。ただひとりだけ、ゆきばぁやんがホウズキ浜に残る。この浜には、昔から海の中に「トモカヅキ」が住んでいるといわれ、そのトモカヅキに誘われた者は、海の底までひきずり込まれてしまう、といわれていた。ゆきばぁやんは、ホウズキ浜でみつけた、自分だけの竜宮を守るため、このトモカヅキに出会ってしまう。トモカヅキが、「ぶあぶあとはれぼったい白い手で、ゆきばぁやんを、おいでおいでとまね」くが、ゆきばぁやんはそのてにのらず、「いそ着にぬいつけた魔よけのじるしを、しっかりとトモカヅキのほうにむけ、しずかに手をあわせ」る。そして、採ったばかりのアワビを捨てて一旦は逃げのびる。しかし、ゆきばぁやんは、「トモカヅキに、竜宮さんをあらされるのは、わしの息のねをとめられるのもおんなじや」と、ある日、トモカヅキと対決する。その時、トモカヅキはいう。

——わしかて、むかしは海女やった。

アワビもいらん、サザエもいらん、浜のいそ笛きくだけで、うっとりくらせた、トモカヅキやった——

トモカヅキは、海を汚されたために醜くふくれあがり、一帯のアワビやサザエをむさぼり続けねばならない。そのために、浜はかれてしまったのである。

トモカヅキがなんであったのか、作者は語らない。しかし、トモカヅキをそこまでおいつめてしまったのは、人間であり、高度成長に伴う自然破壊の結果であることはいうまでもないだろう。

このようにいってしまえば、この作品は海を汚す者に対する怒りを訴えているかのように受けとられがちであるが、作者は作品のあとがきの中で、次のようにいう。

——ものを疑いがちなわたしなのですが、ゆきばぁやんの見たとおり、トモカヅキは夢やまぼろしではなく、よごれた海の底に、ほんとうにいるように思えてならないのです。

わたしは、そう信じながら、このお話を書き続けましたし、信じられたから最後まで書くことができたのです——

このことからみてわかるように、作者はこの作品の中で、海を汚した者を告発したり、また、ゆきばぁやんの生活史を描き出そうとしたのではないことがわかるであろう（もちろん、海を汚す者に対する批判は作中に潜ませているが、作品の前面には出ていない）。

トモカヅキに会ったことを、他の海女たちにしゃべれば、胸の内もすっきりするであろうが、その海女たちも今ではいない。ゆきばぁやんは、生まれついた時からの海女。いそのみを腰にさし、気持をひきしめ、時には寂しさを紛らわすために酒を飲み、死んだ夫や息子に語りかけるゆきばぁやんの姿は、美しくも哀しい。そこには、海女として海に生きるゆきばぁやんを、海とのかかわりで、また、海の一部分として捉え、その姿を通して自然の中に生きる人間の有り様を浮彫りにしているからである。

こうした、海と人間、人間と海の生活は、海を見て育ちながら、海を恐がるさよを、海こまとの交流を通して、ひとりの小海女に変えてゆくさまを、海こまの伝説をもとにファンタジックに描いた、「さよのいそ笛」にもみることができる。また、この「さよのいそ笛」のさよが、海こまとの交流を通して小海女に成長してゆくのに対して、同じ海女を取り扱った「小海女のふきちゃん」になってくると、もっと現実の生活を通して、その点が描かれている。

都会に住むふきちゃんは、「海に忘れもの」と呟いて死んでしまった母の言葉に惹かれて、夏休みにおばあさんのいる島へ行く。このふきちゃんもさよと同様、海が恐くて泳ぐのは苦手である。しかし、母の忘れものを探したいという気持と、おばあさんの海女としての生活を孫に伝えたいという熱い思いも手伝って、ふきちゃんは海を自分の手の中に握りしめることができるようになる。そして、母と同じ海女を嫌った母の妹のせい子おばさんの、気持も変えてゆくことになる。ここには、「トモカヅキのいる海」でみせたゆきばぁやんの世界を、現実の世界にまでおしひろげた作者の視点がある。

この他には、年老いた漁師と、仲間と離れて浜で暮す狐との交流を描いた「亀ととやんとぼしゃぼしゃ」。また、山を舞台にした作品には、山の中でひっそりとふうりんを作って暮らしているおじいさんの話の「サロクふうりん」や土地と密着して生きる子どもを描いた「ドンが見た風の鳥」がある。

これらを見ると、「トモカヅキのいる海」の系列に属する作品では、主人公がふとしたきっかけから、一つの段階を乗り越えて成長してゆくというパターンを形づくっている。海が恐くて泳げなかったり、林が恐くて通れなかったり、大人からみれば何でもないようなことが、子どもにとっては大きな壁である。その壁を乗り越えようとする子どもたちに、作者は言葉でなく、大人たちの自然に寄せる慈しみとあたたかな眼を通して、勇気づけている。その反面、ゆきばぁやんのところで触れたように、海を汚す者や村を捨て都会へ流れていった者に対して、その批判をそのまま言葉で語らないが、村に残って自然を体の一部として懸命に生きる人間の姿で、語り続けることで、そうした者たちへの批判を語っているといえよう。

いずれにしても、北村は自然を背景として、その中で力強く自立していくうりんこやカイズ少年の成長過程を描いてきたが、「トモカヅキのいる海」以後の作品では、自然を単なる登場人物の舞台背景としてでなく、自然そのものを舞台の前面に押し出し、その中で主人公の生き方を追求している姿勢に、変ってきているとみることができる。「北村の文学には、風土性がある」と、いわれる所以はこんな作者の姿勢にもあるのではないだろうか。

しかし、北村の作品に不満がまったくないわけではない。たとえば、主人公の生活のイメージが鮮明にもう一つ読者に伝わらない、という点もその一つである。ゆきばぁやんにしても、亀ととやんにしてもさよの家庭にしても、生活となるとややあいまいさが残る。もちろん、貧しいとか、家財道具がどうのということではない。現実に生きた生活が、もう少し欲しいということである。
しかし、大都会に生活する作家は別として、誰しもが何らかの形で、自然との触れ合いの中で生活しているのにもかかわらず、ともすれば人間だけに視点をおいた作品が多い。そうした中で、あえて自然をとり入れ描こうとする、作者の姿勢は、希少価値というべきではないだろうか。

北村けんじは、海や山の自然を執拗に描く。考えてみれば、海をま近に鈴鹿山脈を背おう、そのすそ野で生まれ、育ち、そこで生活する北村にとって、海や山を描くことは当然といえばいえるだろう。しかし、まわりに山がある。そして海がひろがっている、というだけでは作品の舞台にはならない。北村は、自分のまわりの自然をそのまま作品にとり入れるのではない。何度も何度も、その浜に行きまた山を歩き、日常の眼を離れ、創作者としての眼で捉えたとき、そこにひとつの作品が生まれてくる。

北村は、「私の児童文学観」(「中部児童文学」三五号)の中で、「児童文学観というものは、単にこてさきの視点ではなく、その人の児童文学をかかえて歩いてきた、その人の生きざまであり、これらの生き方と重なるものである」という。

この言葉は北村のどの作品にもみることができる。何度もその浜へ行き、海の色を見、谷をくだる風の音を聴く作者の誠実な姿は、ゆきばぁやんやサロクじいさんや亀ととやんのように、海や山とともに寂しさや悲しさに耐え、ときには、さよやふきちゃんやドンのように、自然の恐ろしさを乗り越えて生きてゆく、そのねばり強いしたたかな姿を、どの作品からも読みとることができる。

ところで、これまで見てきたように北村の作品は、海と山を舞台にしたものが多かった。しかし、北村が教師を職業としている点から考えると、目の前を走り回っている子どもの生態を捉え描いた作品が、もっとあってもいいように思われる。

「坂道のある学校」は、学校生活を主題にした数少ない作品のひとつである。ここに登場する主人公たちは、カイズ少年のような逞しい存在ではない。むしろ、ドンやふきちゃんに通ずる存在の子どもたちである。たとえば、「名まえのない日」のトメジなどは、ダボハゼトメジと呼ばれている子である。このトメジが中学生になった最初の一日を書いたのがこの作品であるが、子どもの心理を知りつくした作者の筆は、さりげない言葉でその核心を描き出している。

普通の子どもとして扱われたい、と願うトメジの気持も、入学式の日だけに終りそうな作品だが、作者の子どもを見る眼のあたたかさが、この暗さを除けてくれる。こんな作品に、北村の隠された一面を覗き見るような気がする。


(「日本児童文学」一九八二年一〇月号)

4　「ぼくは逃げない」

サウスオール　作／小野章　訳／偕成社／二四六頁

恐れず立ち向かう少年　半日の心の揺れ見事に描く

人間は相手の心の動きを理解する時、相手の言葉と同時に、その行動をひとつの手がかりとする。それらのことは、自分の体験を通してなされることであり、自己の体験の深さによって、より多く相手を理解するものである。

この点からいえば、当然子どもより大人の方が相手を理解できるはずである。だが、一方では「今時の子どもは何を考えているかわからない」という言葉を、時々私たちは使う。これは、私たち大人が子どもの——特に思春期の子どもの心を、自己の体験範囲で把握しきれないでいることの告白であろう。彼らより、より多くの生活体験を重ねたはずの大人が、彼らの心理をつかみきれないのは、社会の常識という名によって、自らの体験を否定しているためではないだろうか。そんなことを、サウスオールの「ぼくは逃げない」を読んで、まず感じさせられた。

この「ぼくは逃げない」は、人生の中でも、最も肉体的にも精神的にも変動のはげしい時期の子どもの心を、ひとりの少年の半日の行動を通して描いた作品である。

母親のいない一三歳のマイクルは、不在がちな科学者である父親から現実を見る眼を教えこまれて育つ。それと同時に、祖母からは子どもの夢ともいえる世界を与えつづけられている。そんな彼は、自分にどうにもならない心の動きをつかもうと、裸で雨の庭をころげまわってみる。

戦争記念日の朝、マイクルは浜で魔法の指輪を持っているという見知らぬ少女、マーガレットに出会う。魔法の指輪を信ずることは、子ども世界が持つ存在であり、その存在を信じているマーガレットは、いわば子ども世界の代表者といってもいいだろう。が、しかし、マーガレットの独特な話しぶり（たとえば、「あたし、いままで、またねこになっていたのよ」といって、少年をふりまわし苛立たせたりする）や、海水で濡れてしまったといって洋服を脱いでしまうような行動に腹を立て、その都度、口汚なく罵りながらなお、マーガレットに対する愛着を捨てきれないマイクル。そんなマイクルの姿に、大人社会を背のびして見る少年の存在を垣間見る。その点で、作者は子ども世界と大人社会との境を、右往左往する少年の心理を、実に鮮やかに写し出し、大人へと成長してゆく少年の姿を提示したといえる。

物語は、マイクルが不良少年マクレバンたちに、マーガレットとの関係を見つけられ、自分が笑い者になることを恐れて、仲間のフラッキーを打ちまかす。しかし、それと同時にマーガレットも失う。

子どもが自分を一人前の大人として確立することは、未知に対して恐れず立ち向かうことであり、子ども世界と別れを告げることでもある。この時期の子どもは、子ども世界に半分以上身をおきながら、首だけ大人社会へ突っ込んでいる。子ども世界の暖かみと居心地の良さを捨てきれずにいながら、なお、大人社会に自分の場所を得ようとする。この矛盾に自らが、ふりまわされていることに気づいた時、初めて少年は大人社会へ一歩足を踏み出すことが許される。

この少年期の心の動揺を、たった半日という短い時間の中で捉え、サウスオールはそれを見事に描いている。

（「図書新聞」一九八二年六月一九日）

5 「ある小馬裁判の記」

ジェイムズ・オールドリッジ　作／中村妙子　訳／評論社／二六七頁／一九七六年（一九七三年）

現在、日本で翻訳されているオールドリッジの作品は、「ある小馬裁判の記」と「タチ」の二点である。

児童文学では、動物を主人公とした作品ないしは、動物の生態をテーマとした作品、あるいは動物と人間の関わりをテーマとした作品を動物文学と分類している。ここで、オールドリッジの作品を動物文学とするには多少異論もあるが、いずれにしても二点の作品は、共に馬が重要な役割を演じて登場してくる。「ある小馬裁判の記」のウェールズ種の小馬タフ、及びポー（タフあるいはポーか）。「タチ」の蒙古野馬のタチおよび小馬のピープ。どちらも馬をぬきにしては成立しない作品であり、馬たちは作品の中を縦横に駆けめぐっている。時には人間が馬に翻弄されて走り回り、時には馬が人間に翻弄されて駆け回っている。

しかし、これほど作品の中を駆けめぐっている馬自体の勇姿は、読者に向ってクローズアップされることはない。作品のどのページを開いても馬が存在するにかかわらず、馬そのものを主題とせず、それを素材として扱い、馬をめぐってひしめく人間たちの生き方を追求した点に、オールドリッジの作品がもつ特異性を見ることができる。

それは、一見気性の荒さを思わせる反面、繊細な神経の持ち主であり、また、極端なほど臆病である野生馬の習性を充分理解し、その上で、馬を人間と対等な位置まで引き上げ、四つに組んで、作品の中に登場させているからではないだろうか。おそらく作者は、馬を直接調教したり乗り回した経験はないだろうと、作品を読んだ限りでは考えられる。それにもかかわらず、これだけ生命の通った馬が書けるのは、馬に対する作者の深い洞察と愛着であろう。

ところで、「その夏、スコット・パイリーと彼の小馬《ポニー》に起こったことについて書くのはそう簡単ではない」と始まるこの作品は、作者の分身でもあるぼく（キット）の回想記的体裁で書かれている。

オーストラリアの叢林《ブッシュ》地帯の田舎町から五マイル離れた貧しい開拓地に住む少年スコティーは、学校が遠いためなかなか通学しない。そのためスコティーの父親は、借金をしてウェールズ種の小馬タフを買って彼に与える。ところが、冬のある日このタフは失踪する。スコティーは叢林、牧場、そして遠くの街まで、学校を休んだりまた家出して探し回る。それでもタフの手掛りを摑むことはできない。二度目の家出で三日間も歩き続けたことがかなりこたえ、「タフはただいなくなっただけでなく、もう永久に帰ってこないのだということ」を感じる。ちょうどそんな時、町で共進会が開かれる。馬の参加する様々な競技場で、スコティーは一頭の小馬を見て、これが自分の「タフだ！」と主張する。しかし、この馬は町の特権階級である牧畜業者エリソン・エアが、足の悪いひとり娘ジョジーのために、自分の牧場から野生の小馬を連れてきて、馬車馬として調教したものであった。そのため、いくらスコティーが自分のタフだと主張しても、相手にせず最後は強引に、警察の車に乗せて家へ帰らせてしまう。

ところが、このジョジーの小馬ポーも、夏休みの終る日に突然いなくなる。すると、エリソン・エアはすぐスコティーに嫌疑をかけ、彼を告発し刑事事件として法廷へ持ち込む。しかし、スコティーの弁護をするクェイル弁護士（作者であるぼくの父）は、警察側のスコティーに対する対応の仕方に対し、法の下では何人とも平等であるべき、としエリソンの提出した刑事訴訟を無効であると主張する。そのため、エリソンはこの事件を民事訴訟に切りかえる。しかし、小馬が誰のものであるかを決定する物的証拠は何も出ず、最後は小馬自身に主人を選ばせる手段をとる。

結果は、小馬の気まぐれでスコティーのものに決定する。その後、エリソン・エアとジョジーは、スコティーの家へやってくる。が、スコティーは彼ら—富と権威から受けた屈辱から逃げだそうとする。その時、キットの助言によって、「富と権威—その前からここでもう一度逃げだしたら、自分の権利を守るために立ち上がる勇気は永久に失われる」ことを悟り、彼らを迎え入れる。

この作品は、表題こそ「ある小馬裁判の記」と訳されているが、裁判の過程とその結果に重点がおかれているのではないだろう。もし仮に、この作品が俗にいう法廷物に属するならば、重大な点において矛盾ないし不明確な部分が見られる。たとえば、ポーがどうしてスコティーの手に入ったか。また、タフがポーならばどうして牧場の野生馬の仲間に入っていたのか、などの解明がない。したがって、この作品はそうしたものを乗り越えて、人間の持つ正義・法の下の平等・富と権威といったものが、人間にとって何なのか、それを追求した作品といえよう。

それは、小馬の、二人にとっての存在を考えた場合、スコティーにとっての小馬は、自分の足であると共に生活の重要な部分にまでなっている。それに対しジョジーの場合、同じ足ではあるが、同時にペット(?)としての存在になっている。つまり、ジョジーにとってポーはたとえそれを失っても彼女の生活はそのまま存在するが、スコティーの場合は、それを失うことは自己の人間としてのプライドをも失わせる結果につながる存在である。だからこそ、作者の分身でもあるキットは、スコティーがポーを盗んだかもしれないと思いながらも、なおスコティーに味方する。同時に、法における正義が絶対的なものでなく、きわめて人間的な存在であることに思いつくのである。

小馬がスコティーのものに決定した後、二人が小馬をはさんで対面する。その時、「ジョジーはその瞬間、ほしいものをことごとくもっている、恵まれた子どもという境遇そのものを克服しなければならなかったのである。ちょうどスコティーが何ももっていない貧しい子どもという境遇に克《か》たなければならなかったように」と、作者はいう。人間だれしもが、自分に課せられた境遇を克服することによって、成長する以外にないという一語こそが、この作品のいいたかったことではないだろうか。

(「世界児童文学100選」日本児童文学別冊、一九七九年一二月一五日)

6 「小さな魚」

エリック・C・ホガード 作／ミルトン・ジョンソン 絵／犬飼和雄 訳／冨山房／二七一頁／一九六九年（一九六七年）

この作品には、他の戦争児童文学作品に見られるような、戦火に焼かれ逃げまどう人びとの叫び声や肉親を殺された人びとの悲劇的な泣き声は、ほとんど書かれてない。また、はなばなしい戦闘の場面などもないし、正面から戦争反対を語る部分もない。が、それでいて、この作品には戦争のもつ悲劇性が、十分に描かれていて読者の胸を打つ。

わずかなお金を恵まれたいばかりに、道の泥をつかんで「隊長さん、お金をくれれば、この泥をたべてみせるよ」と、自分の口の中へ泥を押し込み、のみこもうとするマリオ。港で仕事をしていた時、敵機におそわれて馬とともに殺された老人の「だぶだぶ」。

国と国とが戦争をしているため、そのために、ただ相手側の人間という理由だけで殺されていく事実の恐ろしさ。家を焼かれ肉親を失った子どもや老人が、自力だけで生きなければならない苦しさ。そこに、戦争のもつ最大の悪が存在する。

父を戦場に失い、母は病気のために死んでしまった一二歳のグイドは、ナポリでひとり生きていくため、乞食をしたり、時には盗みをして生きていくのである。そんな彼に、ドイツ人の将校は「きたない水の中で、小さな魚は生きている。そいつは大きな魚にくわれてしまう。ほとんどくわれてしまう。それでも、うまく逃げて生きていくやつもいる」という。

主人公のグイドは、まさにこの小さな魚である。しかし、小さな魚は本来きたない水の中で生きていくものではない。そこには、水をよごした大きな魚—国家権力・戦争—の存在があり、常に小さな魚たちはその犠牲とされていく。

ナポリの町でグイドは、一歳年下の少女アンナとその弟のマリオと知り合いになる。が、やがて彼も住んでいた洞窟を追い出されることになり、三人はカッシノをめざして旅に出ることになる。

三人にとってカッシノには、親戚の人や知り合いの人がいるわけでもない。また、その町について何らかの知識があるわけではない。それにもかかわらず三人は、その名にひかれてナポリをあとにする。目的も希望もなく生きていくことは、人間にとってきわめて不安なものである。まして、住みなれた町をあとにして、旅立つ子どもたちにとっては、何らかの目標が必要であったことはいうまでもない。それは、未知に対する不安と同時に、ひとつの希望を与えるものである。

この旅立ちは、多分に幸運に満ちた感がないでもない。途中、変な男につかまり無理矢理手下にされそうになるが、そこをうまく切りぬけ、粉屋に拾われその小屋で一夏を暮す。しかし、ここもドイツ兵のため追い出され、三人はまたカッシノへの旅を続ける。だが、弟のマリオはカッシノの修道院へ着いて間もなく死に、また、旅の道づれになったルイージさんも雪原の地雷を踏んでしまう。

こうして二人は、やっと連合軍の解放した地域に辿り着くが、アメリカの将校は彼らをきたない存在としか見ない。この様子をいち早く感じとったアンナは、アメリカ将校に対して怒りを燃やすが、グイドは彼女に「戦争が……その苦しみが、きっとそこに問題があるんだ。もしぼくたちが、ぼくたちのきたないところだけを見て、なぜぼくたちがきたないのかを考えないあの男を憎むなら……その時は……あんな男になってしまうだろう」という。

このグイドの言葉は、作者自身の人生観と考えていいだろう。もうひとつ、死んだルイージさんがグイドに語った「言葉だけを読んで、書物に書かれていないものを読まないと、わたしたちはほんとうにものごとを理解できなくなるのだ」という言葉。この言葉も作者であるエリック・C・ホガードが読者に向って語った言葉として受けとっていい。

物語はこの後、グイドがナポリで知り合った伯爵をアンナと探しに出かけるところで終っている。しかし、作者はこの作品のあとがきで、「わたしは、アンナとグイドがりっぱに生きぬいて、幸福になったと、だれかが最後には彼らをひきとったと思いたい。……でも、こんな願いは、夏の雲のようなもので、乾いた大地に雨もふらせないものだ」と、二人を突っ放して見ている。

この作者の姿勢が、この作品をより深いものへと創り出したともいえる。作者はグイドに子どもだからといって、決して甘えた条件を許してはいない。グイドの話し相手でもあった「だぶだぶ」老人を目の前で殺し、その馬を仲間のひとりがナイフで殺す。また、アンナたちのおばあさんも、アンナたちが逃げだした直後に空襲で殺されている。そして、ルイージさんもである。戦争は、だれかれの区別なく人を殺す。そしてその戦争を指導する者は英雄であり、人びとはその外観の華やかさだけで善悪を決めようとする。

作者ホガードは、グイドの目を通して戦争そのものを否定すると同時に、大人社会への理解によって、大人社会のもつ悪―醜さの根元をも鋭く批判している。そこには、感情を押え、醒めた目で戦争を見つめる作者の世界観があり、それ故に一層戦争の本質を探り出すことが可能であったといえる。しかし、この作品は、単に戦争のもつ本質を描き出すことに焦点が置かれているのではないだろう。むしろ、こうした状況のもとに置かれながらも、なお人間は生き続けなければならないとする生命の存在の尊さを語る点に、この作品の真のテーマがあるといえる。

人間の生命の尊さ故に、その生命を相手国の民というだけで、簡単に奪っていく戦争そのものをより強く否定することになる。それは、作者自身が自己の生き方を真剣に見つめているからである。このことは、文章の行間から受けとれる。

作者エリック・C・ホガードには、「バイキングのハーコン」「どれい少女ヘルガ」「さいごのとりでマサダ」などが、他に翻訳されているが、どの作品にも共通するテーマは、人間の生と死、そして愛と宗教という人間のもつ永遠のテーマを追求している。敵をも理解し、その背後に存在する悪の本質を見きわめ、その上で判断をしようとするグイドの姿勢は、人間の生き方をわたしたちに語りかけてくる。

（「世界児童文学１００選」日本児童文学別冊、一九七九年一二月一五日）

おわりに

児童文学から遠ざかり、長い長い時が流れ去ってしまった。

児童文学から離れた理由は、児童文学がだんだんおもしろくなくなってきたことも確かにあるであろうが、当時、各地でゴルフ場の建設や宅地開発などで自然環境がどんどんつぶされていった。わが家から近い東海地方特有の湧水湿地の開発の話がもち上がったが、幸い住民運動によって免れることができた。

そんなこともあって、だんだんと自然保護活動にのめり込み、長年にわたり活動を続けてきた。

今から三年前、その活動も後輩に道を譲り、一九六〇年代から七〇年代の児童文学や自著の書評・評論などを読み返した。改めて、児童文学をやっていた頃は若かったこともあって、なんと気負っていたか、内容的にも消化不良で言葉たらずが目立つ。しかも取り上げた作品を本当にきちんと読んでいたのかさえ、考えさせられ反省している。

ここで、これまで多くの方々に支えられ来られたことを深く感謝し、特に児童文学にかかわっていたその間、大先輩である関英雄氏をはじめ岩崎京子氏・上笙一郎氏・さねとうあきら氏・塚原亮一氏や多くの児童文学者の方々には親切に優しく、励ましていただいた。すでにこの世を旅立たれた方もいらっしゃいますが、改めて感謝し「ありがとうございました」と申し上げます。

また、会員でもない私に発表の場を与えていただき、拙文を「児童文芸」「子どもの本棚」「児童文化」「大坂児童文学評論」に掲載していただいた編集諸氏の方々にも改めて深く感謝します。

さらに、この度、この本をまとめるのに多大な尽力をいただいた編集の山本惠子さん、また、児童文学の新たな画期ともいえる時代に出版を引き受けていただいた同時代社の川上隆社長に心よりお礼を申し上げます。

二〇一九年初冬　亡夫に感謝をこめて

著者略歴
うの（しばた）よしこ
愛知県豊田市生まれ・仏教大学卒業
尾張旭市の保育園勤務
児童文学読書会、同人誌活動
「中部児童文学会」「日本児童文学者協会」会員として、一九六〇年代から八〇年代初期に評論活動
一九九五年～　名古屋市八竜湿地の保全活動開始
一九九九年～　「水源の森と八竜湿地を守る会」会長
名古屋市守山区環境審議委員
守山生涯学習センター講師
著書「ひびきあう生命―なごや八竜湿地と私」（二〇一五年　光陽出版社）

児童文学と「わたし」

2019年12月10日　　初版第1刷発行

著　者　　鵜生（柴田）美子
〒463-0012　名古屋市守山区茶臼前14-34-301
電話　052(793)3209

発行者　　川上　隆

発　行　　株式会社同時代社
〒101-0065　東京都千代田区西神田2-7-6
電話　03(3261)3149　FAX　03(3261)3237

組版・装幀　有限会社閏月社

印刷・製本　中央精版印刷株式会社

ISBN978-4-88683-865-0